シンプルだから、贅沢

ドミニック・ローホー

原秋子訳

講談社

はじめに

一般的に言われている「贅沢」という言葉を、あなたならどのように定義するでしょう。

金銭、富、豪華、華麗、快適、放蕩三昧、消費、輝き、誇示、行き過ぎ、虚栄、栄華、威信……、などでしょうか。

その一方で私には、時間、怠惰、自由、経済的自立、感情のセルフコントロール、自主性、無頓着、生きる喜び、情熱、洗練、身軽さ、そしてシンプルという言葉も頭に浮かぶのです。

これまで、贅沢とシンプル、このふたつの価値観は、どの時代においても相反するものとされてきました。

でもどうでしょう。生活がシンプルになればなるほど、その生活は、「贅沢なもの」と感じられるのではないでしょうか。

なぜそう感じるのか、本書を通じてそれを証明していきたいと思います。

私たちは、誰でも、生きていく以上、安心、小さな楽しみ、そして生きる意味を必要としています。難しい定義やタブーを抜きにして、贅沢とはまさしく、幸せ、充足感、ただ「生きている」と実感することではないでしょうか。

有名ブランド商品、クオリティー（品質）、職人技などを即座に消費社会のものに結びつけて考えられてきた贅沢という言葉。でも、そう定義する人ばかりでなくなった時代になりました。

言いかえれば、金銭よりも価値観、生きる姿勢の問題なのです。

贅沢とは決して手の届かない夢ではありません。人生の「今」という時間を満ち足りたものにするために心を養うちょっとした技、それを日々の生活の中に見つけ、ほかの技同様に極めていくものなのです。

２０１６年１月　パリにて

ドミニック・ローホー

sommaire

私たちの中にある騙されたい心理に注意する
ブランドに頼らず高品質なものを見分けるコツ
「これだけでいい」と思えるものしかいらない
本物の味を求めパリ中を探していた日本の職人
最高のものに出会うために必要な失敗もある
自分の商品に強い愛着がある人から買う
一生もののリネンや枕はホテル仕様を参考に
数少ない所持品だからこそ最高の品質を求める
心地よいと体が喜ぶものこそシンプルの基準
自分のエネルギーの無駄遣いを省いてくれるもの
私がエルメスの手帳を愛用している理由
職人技に触れると自分まで豊かになれる
中国・宋の時代の人々が実行していた幸せの法則

シンプルだから、贅沢

1

ものから身軽になるという贅沢

夢、欲望、希望、これらは私たちを導く人生の星である。

——ミシェル・ブートー、カナダの作家・写真家・大学教授、『不朽の思考が点在する道』より

先日、日本人の女友達が私に会いに京都まで来てくれました。彼女は智積院《ちしゃくいん》とその中国風の庭園、長谷川等伯と弟子たちによる素晴らしい障壁画を見ることを、とりわけ楽しみにしていました。

「静かに開けてください」と書かれた重い扉をひくと誰もいず、目の前に四方ぐるりと飾られた作品が、私たちふたりだけのために現れたのです。

「このような宝物をこんなに近くから、私たちだけで見られるなんて、なんという贅沢でしょう!」

友人は館内の中央に立ち、何回もため息交じりにくり返しました。

その後、お寺のカフェで焼き湯葉とよく冷えた麦茶をいただいていたときにも、彼

女が「なんという贅沢！」と感謝するように手をあわせていたのが印象的でした。言語に関係なく、「なんという贅沢！」という言い回しは、「なんという幸せ！」と同義であると感じたものです。

贅沢と言えば、まずは高級車や五つ星のホテル、豪華客船での船旅などを連想しますが、本当はそれ以上のものを指すのです。

日常の些事《さじ》から解放され、心が平穏で身軽になると自ずと見えてくるのが、深みのあるシンプルな生活。それは実は豊かで情熱に満ちた生活なのです。

贅沢の解釈としては、これがいちばん近い解釈になるのではないでしょうか。

捨てるものを選ぶジレンマをなくす方法

私にとって贅沢とは、高額商品を購入することではありません。ものを十分味わえるような生き方をすることなのです。

――オスカー・デ・ラ・レンタ、アメリカで活躍したドミニカ共和国出身のファッションデザイナー

私はシンプルに生きるために、いらないものを手放しなさいと勧めてきました。そうなると当然ですが、捨てるものを選ぶ必要があります。このとき、ものよりもむしろ選択することが私たちを疲れさせ、ジレンマに陥らせるのです。

それよりも、一見ものに圧迫されながらの暮らしのほうが楽に思えるでしょう。人生は選択の連続なのですから。

ところが、選択というエネルギーを使わないですむ方法に気づいたのです。

昔住んでいた家のお隣さんは、非常にシンプルな生き方をしていました。私がお宅にお邪魔すると、必ず漆のお盆の上に茶碗をふたつ載せて、美味しいお茶を淹《い》れてくれます。何度かそうしてお茶をごちそうになって気づきました。この家では2番目の選択肢というものが存在しないのです。

茶葉は普段使いのものが1種類のみ。お客さんを接待するときも同じ茶葉で淹れるのです。この生き方は自然で、けち臭いものではありません。

ただ単に、たくさんの小さな「ノー」を積み重ねたうえに成り立つ生き方なのです。

ひとつものを選ぶという行為は、別のものをひとつ拒否すること、諦めることです。逆に、2番目の選択肢をなくしてひとつだけにした場合、何かほかに求めたり、迷ったりすることもなくなります。

長い目で見れば、日常生活でこうして選択を回避することはかなりの量のエネルギーの節約につながります。

昔の日本人は「選択すること」、すなわちもう一方を「無駄」にすることを、よい行いとみなしませんでした。

ここに、昔の日本人の生き方の秘訣が隠されているのではないでしょうか。

選択肢が多いほど幸福度は下がる

私たちの生活で、車の購入やスマートフォンの機種変更、バカンスの過ごし方、あるいはもっと身近な問題では、毎日の夕食のメニュー……、何かひとつに決めなければならないときの選択肢の多さには驚かされます。

今日では、このような選択肢は際限なくあり、また、一度選択したものはいとも簡単に、スピーディに叶えられたりします。

ただ、ここで忘れてはならないことがあります。それはこれらの選択肢が慢性的な不満を生むということです。

選択肢が多いというのは一見うれしいことですが、その一方で、私たちは自らくだした決定に自信のないこともままあるはず。選択肢が多すぎると、それに決めたあとでも、「もしかしたらあっちのほうがよかったのかしら」と自らの選択を悔いることにつながります。

それは、さまざまな情報の裏づけにのっとって決断したとしても、その情報の数が多ければ多いほど、踏んぎりがつかず、私たちは優柔不断に陥るのです。

これこそが自分に合った車だ、靴だ、生命保険だという具合に、いったいどうすれば確信の持てる決断をくだせるでしょう。

バイキングスタイルの食事が嫌という人もいるでしょう。どの料理がいちばん美味しいのかがわからないので、すべてを試してみたくなり、結局食事を味わうという本質的な楽しみを台無しにしてしまったりするからです。そこで、私ならホテルでの朝食は、だいたい決まったメニューで、選択肢は紅茶かコーヒーくらいにします。そのほうがよっぽど落ち着いて食べられます。

選択肢の多いことが豊かであるというのは、嘘なのだと思います。

過剰なものや情報が上質な生活の邪魔をする

午後のショッピングセンターは、ウィンドーショッピングを楽しむ人たちでにぎわっています。買い物やランチを楽しみにきたカップル、両手にショッピングバッグを抱える人、ただ目的もなくぶらぶらしている人。たくさんの人が行き交います。

この人たちが本当に求めているものは何でしょう?

フランスでもショッピングは、昨今の余暇の過ごし方人気ランキングで2位につけ、「映画や演劇鑑賞」「公園に出かける」「バーで酒を飲む」「スポーツをする」を超え、もっとも人気の高いレジャーのひとつとなっています。

ちなみに、1位は「レストランで食事をする」でした。

さて、その結果は? 私たちの生活の質がますます低下の一途をたどっていると、私は見ます。

別の調査ですが、大都市で生活する人たちに行ったアンケートによると、70パーセントの人たちが今の生活に満足していないと答えています。

その根本的な問題は、過剰なものや情報に振り回される現代人の生活にあるのです。

私たちの家には、まだ読んでいない本、聴かずに溜まっているCD、着ない服、使うこともない小物、結局は捨ててしまう食べきれない食料でいっぱいです。

さらに、休みがちなスポーツジムの会費、利用していないさまざまなサービスの年会費、幽霊のようなコンピュータのアップデート、これらはもちろんクレジットカードで支払われ、したがって有料です。汗水たらして稼いだお金が、このように私たちを少しも幸せにしてくれないものやサービスのために消えていくのです。

魂を養ってくれるものだけ、そばに置く

物質的な富は、心の平穏にどれくらい寄与してくれるでしょうか。
過剰な消費に——それがものにせよ、余暇の過ごし方にせよ、実に多くの人たちが

「疲れる」とぼやいています。こうした人たちが求めているのは、人ごみ、騒音、いきすぎたサービスから逃げ出し、都会を離れて過ごす時間、管理されたスケジュールから解放されたバカンス、自然に接し、ほとんど未開に近い環境に身を置くことかもしれません。

では、自宅にいながら幸せな生活を取り戻すにはどうしたらよいでしょう？

それはまずは身軽になることです。取捨選択をして、本当に自分の魂を養ってくれるものだけをとっておき、生活をシンプルにすることです。

小さなポシェットに入った私の必須アイテム

航空機に危険が発生し、乗客は何も持たずに逃げなければならない状況になっている場面がテレビニュースで映し出されています。同じような状況に陥ったら私はどうするかしら、と考える人がいるでしょう。

実は私は一度、パリで不良グループに取り囲まれ、ハンドバッグを奪われたことがあります。幸いにもアパルトマンの鍵はポケットの中でしたし、アドレス帳は古いものが家にもありました。

このアクシデントにあってから、私は、生きていくうえでの必須アイテムとは何かについて、本気で考えるようになりました。

それは本当に少なくてすむのです。

私の場合、小さなポシェットに次のようなものを入れています。

鍵、メガネ、櫛、口紅、ポケットティッシュ、健康保険証、身分証明書のコピー、そして名刺サイズの小さな手帳に主要な電話番号、銀行の口座番号、パスワードを記入し、手帳と同じ大きさの財布にクレジットカード1枚とお札数枚を一緒に仕舞っています。

このポシェットは私の「必須アイテム」になりました。

もちろん、ほかにもひとつやふたつ大好きな美しいバッグは持っていますが、家に置いてあります。このポシェットは冬ならコートの下にと、つねに持ち歩くようにしています。

そうそう、忘れてはならないのが携帯電話ですね。これも私の必須アイテムリストに加えたいとは思いますが、日本とフランスを行ったり来たりし長期間家を留守にする以外は、ほとんどの場合、家に置いてあります。

自分のエネルギーを消耗させるものを手放す

景色を描いた絵画のように、空間、雲、蒸気、ものとのあいだに漂う「余白」がものそのものを引き立てている。
そして何もないという状態においてのみ、ものはそのほかすべてと真に調和するのだ。

——ジャック・ダール、フランスの中国学者・中国文献翻訳家、

『李漁の秘密の覚書』より

私はソパラン（Sopalin、商品名）と呼ばれているキッチンペーパーを、それこそ湯水のように使っています。1週間に1ロールくらいあっという間になくなってしまいます。

このキッチンペーパーでレンジの汚れ、シンクの水滴、急いでいるときはコップや食器なども拭き、拭いたあとはポイッと捨てています。

倹約家のみなさんは、恐らく眉間にしわを寄せて、このような無駄遣いで地球環境を汚染している私を責めることでしょう。

でも、洗剤で洗うことも同様に害があるのです。また雑巾を使用後に洗濯機で洗い、洗濯機を汚し、洗っても決して真っ白にはならない雑巾を干すという苛立たしい作業を考えると、さほど悪いことのようには思えない私の小さな贅沢なのです。

さらに私は、自分に合わない、必要ないと思ったものを思い残すことなく、潔く捨てます。

それを見たら、またしても、「なんともったいない」と責められるかもしれません。しかし、シンプルに暮らすためには、「無駄をしている」という罪悪感なく捨てられることが肝心です。

私にとっての無駄とは、「エネルギー」を消耗させるもののこと。自分の弱さ（疲れ、イライラ、時間の足りなさ、情報不足）から購入してしまい、まったく未使用なのに捨てられずにいるものたちのために消耗している「エネルギー」は少なくありません（実はソパランもエネルギーを消耗しないための手段）。

私は、キッチン道具からバッグまで、使い道が同じで、持っているものより軽量で、小さく、使いやすいものを見つけたら、躊躇《ちゅうちょ》なく手持ちのものを捨てます。

捨てられないで悩んでいる人にアドバイスをひとつ。まずは、自分のエネルギーを無駄遣いしているものがないか探してみてください。それが捨てるべきもの、ということです。

私は今、高価なものが宝物ではなくなった

賢人は財を蓄えず。

――老子、中国・春秋戦国時代の哲学者

もう何ものはいらない、という人たちは恐らくすべてを手に入れたからそう言えるのかもしれませんが、必ずしもみんなが同じではないはずです。

シンプル生活を追い求めてきた長い道のりの中で、私はずっと「ものは少なく、ただし最良のもの」をモットーにしてきました。ところが、最近ではさらにもう一歩前進したように思います。

「ものは少なく」は今までどおりですが、高価な品を所有するのが嫌になったのです。これは私の富に関する新しい考え方です。高価な品を保存し、手入れをし、その責任を負うことを負担に感じるようになってきたからです。

私の部屋は、壁には蚤《のみ》の市《いち》で数十ユーロで購入した絹地の掛け軸、ローテーブル、シープスキンをかけたソファだけが置いてあります。これ以上のものはいりません。私は大切にしていた美しいもののほとんどを人にあげてしまいました。その中で残っているのが、急須（高価なものではありませんが、いちばんのお気に入り）と美しい食器が少々（食器がないと困りますので）、これらが今私にとっての大切な宝物なのです。

2

シンプルなエレガンスを極める

自己を愛することが生涯にわたるロマンスの始まりである。

――オスカー・ワイルド、アイルランド出身の詩人・作家・劇作家、『オスカー・ワイルド全集3』(西村孝次訳、青土社)より

「エレガンス」はシンプルな心から生まれます。

美しい人は、「私は美しい」とつねづね自分に言い聞かせているものです。それだからこそ美しくいられるのです。

人を魅了するためには、まずは自分を好きになること。そして自分を好きになるためには、自分の価値を高めながら思いっきり楽しむことです。

自分の容姿の欠点は隠さなくてもいいのです。それがあなたの魅力でもあると自覚してください。

自分に対してよいイメージを抱くことで、実は人生はかぎりなくシンプルになることを知ってほしいと思います。

たとえば、それは周囲との関係を円滑にしてくれるでしょう。そして人との関係が円滑になると、さらに自分に自信が持てるようになり、気分も高揚するのでユーモアも生まれ、相手を楽しませ自分も心から楽しめるようになれます。

この章では、自分の中からにじみ出るエレガンスという光を、自ら発していくための秘訣をともに考えていきたいと思います。

下品とはどういうものか

贅沢の反対語は貧しさではありません。下品です。
――ココ・シャネル、フランスのファッションデザイナー

「エレガンス」の反対語は、ココ・シャネルが言う、贅沢の反対語の「下品」と同じではないでしょうか。

では下品とはどういうことを指すのでしょう。それは、人真似をすること、個性をまったく感じられない流行にはまることです。

私はある男性の、実にエレガントな装いに衝撃を受けたことがあります。その男性が身に着けていた服装が、不思議とその人の個性と一体化しているように感じたのです。それもそのはず、後にわかったことですが、その男性は自分のTシャツを自分で好みの色に染め、ジーンズのすり切れた箇所に手刺繍を施し、バンダナまで自らデザ

インしていたのです。

服装に関して言えば、贅沢とはその人のスタイル、着こなし方を表します。どのブランドのバッグ、どのデザイナーの服、ではないのです。

そういえば、もうひとり、自分のスタイルを確立し、エレガントな服装をする人を思い出しました。世界的に有名なオーケストラの指揮者、小澤征爾です。

彼の白髪のヘアスタイル、それに濃いめの色のフランネルのシャツの上部ボタンふたつを外し、真っ白なTシャツをさりげなく覗かせてみせる屈託のなさ、シンプルでありながらも気品を感じさせるところがたまらなく素敵です。

品のよさとは「多く」より「少なく」

「品のよさ」は身だしなみの随所に見られます。

まずは手です。偽爪または華美なジェルネイルをつけた爪ではなく、清潔で甘皮がきちんと整えられた手入れの行き届いた爪を心がけたいものです。

品のよさを感じさせる人たちに共通している点は、何よりもその人たちの控えめな物腰。大げさな動作やあたりかまわず大声で話をすることなど考えられません。

自然と装いもシックで、夏は白、オフホワイト、淡いグレーといった、天然素材の衣服を好んで身に着けているところなどでしょう。ハートマークあるいはピンク色のウサギのついたポシェットをかけたりもしていませんね。

メガネも派手なフレームのものは避け、アクセサリーに関しても本物を一点だけ。ダイヤまたはエメラルドの指輪、真珠のネックレス程度でしょうか。

洗練されたイメージを作るにも、「多く」より「少なく」なのです。

品よく見せるためには、「自分が好きな服よりも自分に合った服」を身に着けるべきです。

若いパリジェンヌたちはみな、「人とは違う、誰にも真似されたくない」という思いを人一倍強く持っていて、本当はインターネットで購入した「ヴィンテージもの」のハンドバッグでも、「祖母が使っていたの」と偽って自慢するような人すらいます。

今でもよく覚えていますが、凍《い》てつくような寒いパリの午後、ひとりの若い女性が流行遅れのベージュのムートンのコートを着ていました。それだけでは野暮ったいのですが、そこに同じムートンの縁なし帽とブーティを合わせ、黒のタイツで決めていました。

エレガントに見せるのは、さほど難しいことではありません。コート、帽子と靴、この3点を合わせれば、センスがちゃんとつけ足されます。

パリのマダムの定番はちょっとリッチな白

まったく見知らぬ人であっても、その人の際立ったエレガントな装いと気品が忘れられないことがあります。

周囲と違う点でまず目につくのが、上質の服を着ていることだと思います。合成繊維のセーターを着るのとカシミアのセーターを着るのとでは、着る人の見た目をすっかり変えてしまいます。

ヴァチカンの聖職者がまとうコートや日本のお坊さんの法衣などは、かたちは簡素に作られているものの、フランネルや絹といった素材が使われており、優雅で着心地のよいものです。

夏場に着るシルクジャージーは、意外と綿地よりも軽くさわやか。

多くの服を持つより数点だけに絞って、上質な素材を身に着けるとよいでしょう。色は、シックな着こなしをする人の多くがモノクロームを基本にしています。冬はブラック、夏はホワイト、その中間のグレーなどでしょうか。

ご参考までに、パリのマダムの定番は白。白のトップスやボトムスに、大きな白のショールを大胆に身にまとうというちょっとリッチなスタイルです。

お化粧は内面も高めてくれる

口紅、香水などは、もし女性らしさをアピールしなくていいのなら余計なもの、ととらえがちですが、私は、お化粧は決して無意味なことではないと思います。実はこれをするだけで、目を伏せずに堂々としていられる大事な行為なのです。

以前、日本のある研究者チームが実験で、そばかすがある人たちにお化粧をしたところ、驚くような効果があったと発表しています。

実験では、そばかすをカバー効果の高いファンデーションで目立たなくしただけなのですが、なんと実験を受けた人たち全員の免疫力が高まったというのです。

外見に気を配ることでも、内面の安らぎが保たれるということを覚えておくといいでしょう。

魅力的な人は自分の欠点を受け入れている

あなたが「ぽっちゃり系」だとしても、あなたの体重、容姿をまずは受け入れることから始めましょう。ゆめゆめ痩せてから好みの服を着ようなどとは思わないこと。

なぜならば、適正体重になるためには自分を好きになることから始めないといけません。自分の体重と容姿を受け入れることは、痩せることにつながります。というのも、私たちが過食に走るのはフラストレーションが溜まっているためです。

身だしなみはいつもきちんと整えておきましょう。今ではぽっちゃり系専門のブティックで、おしゃれな服をたくさん見かけるようになりました。オシャレをすると気分が上がるので、これでまたストレスがひとつ減ります。


このように、今の自分に、十分なケアをしてあげましょう。日々自分の体と頭を使って、自由に幸せに生きる術《すべ》を自分に与えてあげるのです。これは誰にでも等しく与えられている贅沢です。

あとは、初めの一歩を踏み出す勇気を持つこと。生活力があって大らかなご婦人の方にふくよかな女性が多く見られますが、同時に、彼女たちは輝いていて魅力的でもありますね。

「笑い」のお手本はあっけらかんとした笑い方

あなたが自分自身を好きになれば、それはたちまちあなたの表情、服装、立ち居振る舞い、美容のケア、そして健康管理に表れます。あなたの表情は自ずと明るくなり、まるで無邪気な女の子のように面白がったり、ケラケラ笑ったりできるようになるでしょう。

このようなあっけらかんとした笑い方は、生きる苦しみを乗り越えてきた、成熟した大人の特権かもしれません。それこそ、90歳を優に超えているお年寄りでもコロコロとよく笑う方を街中で見かけることがあります。笑いが伝染して、こちらまで可笑しくなってしまうのですから不思議です。

今すぐ、笑うことを学び直してみる価値があると思いませんか。笑うことで重苦しさは軽減し、さまざまな悩みも大げさに悲劇化してしまうことを避けられます。

まずはお試しあれ。だんだんあなたらしい自然な笑顔を周囲に振りまくことができるようになるでしょう。

自然体の立ち居振る舞いにはオーラがある

自分のアイデンティティがわからない人は、それを得るために流行を追いかけます。一方で、悠々とした立ち居振る舞いをする人、それはたいていの場合自分に自信のある人で、その立ち居振る舞いがその人の魅力にもなります。

流れるような軽やかな立ち居振る舞い、それだけで、贅沢を身にまとっているのです。

話す、歩く、車から降りる、レストランで上着を脱ぐ、このような動作ひとつひとつが自然体で優しい人には、自然なオーラがあります。なにもそうあるために均整のとれた完璧な体である必要はないのです。

動作に見られる贅沢は、ある種の音楽にも感じられるように、軽やかさと優雅さを生む内面から湧き出すエネルギーなのです。

私の友人で舞台俳優のエマニュエルは、まさに立ち居振る舞いの美しい人。

彼は、たとえ靴下に穴が開いていても、靴下を2枚重ねばきして穴をふさぎ、おまけに「足が温かいよ！」とジョークを飛ばすような人物です。靴下の穴も自分の魅力の発露としてしまうエネルギーが、優雅で温かいエマニュエルの立ち居振る舞いの秘密なのです。

さりげないしぐさに日本人の気品が香る

「洗練」という言葉の意味のひとつに、「極めるまでとことん追求すること」とフランス語の辞書に記されています。

まさしく、私は日本でその洗練を実感する機会が少なくありません。

日本の美には、ある意味禁欲的なところが見られ、秘められた部分があるため、努めてそれを味わおうとする姿勢がこちらに必要になります。特にその「さりげなさ」は、日本的な洗練の意味にあてはまるような気がします。

たとえば女性の美しさ。どんなに美しい容姿よりも、真の気品はその女性の完璧なしぐさを通して醸し出されます。

美しい体の動きは、下品で粗っぽい動作がこなれて初めてできるようになります。すると体は動作と一体化し、ひとつひとつのしぐさが洗練そのものになるのです。

このように、日本に伝わる日常生活のごく普通のしぐさ——移動のしかた、おじぎ、道具の扱い方、湯の注ぎ方、膝に手を置く待ちの姿勢、茶碗の勧め方、茶の飲み方、バランスを崩さずにすっと立ち上がる動作や姿勢などが美しいのは、日本人の動作の美学、所作の極みである茶道に強く影響されているからではないでしょうか。

優雅さとは、見た目より「感じる」もの

外見は特段ほかの人と変わらないのに、話をしてみるとその人柄にエレガンス、優雅さを感じられる人がいます。そういう人たちの話しぶりは決まって穏やかで、控えめな優しさが言葉の端々に感じられるものです。

人のことを詮索したりせず、慇懃《いんぎん》にお辞儀ばかりするような他人行儀なところもありません。

フランス人の私から見て、特に日本では、やたらとお辞儀をする人がいますが、大げさにへりくだったお辞儀には、相手を不快な思いにさせるものがあり、かえって損をしていると感じます。

「優雅な人」というのは、物腰が自然で温かみを感じさせる人なのです。

身だしなみがよいと気品が身についてくる

特に何もしなくても、そのエレガントさで男性を魅了してしまう恵まれた女性がいます。そういう女性のエレガンスは、日常の営みの中に自然と溶け込んでいます。

たとえば、いつも身だしなみがよいと、気品が自然に身についてきます。

昔、日本では、周りの人から普段の生活の中で「お作法」を受け継いでいました。起床後の洗顔、手拭いの使い方、絞り方、櫛の選び方、服の着方、お辞儀のしかたなど、立ち居振る舞いの優雅さを通して、威厳ある生き方が子どもたちの日常生活に当たり前のように溶け込んでいました。

残念ながら、現代人は昔の古き良き風習をずいぶん忘れてしまっているのです。

精進したと感じさせない芸者さんの「粋」

江戸、硬直していながらも気軽な時代、
厳しくもあり、デリケートでもあり、古臭くもあり、恵まれてもいた。
この時代、外から見ればけち臭く見えただろうが、
内面はなんと豊かなことか！　魅力的で洗練されていた。
美学と日常が交わるところに、日本人が守り続けている本質、
装いと住まい方のシンプルで洗練された術が見えるのだ。

——ジャン・サルザナ、フランス国立出版組合元代表、『京都の誘惑』より

「粋」なものとは、シンプル、即興的、個性的で洗練されたもののこと。「粋な人」には、大胆、お洒落《しゃれ》、クールなどの形容詞が合っているでしょう。逆に完璧主義者、勤勉家、可愛い人というのは「粋」とはかけ離れている気がします。

「粋」の例をあげるのであれば、芸者の美学がもっともふさわしい、と語るのは、アメリカの文化人類学者ライザ・ダルビーです。彼女は、「粋」を次のように説明しています。

「『粋』の究極のかたちは自然体のエレガンス。本物の『粋』なスタイルとは、まずは下品であってはならない。それでいて枠にはまらない大胆さ、自由さが表現されているスタイルだ。

さらに『粋』には誠実な面も見られる。ただしそれはソフィスティケートされた誠実さであり、若いころの一途で熱心、未経験からくるピュアな誠実さではない。『粋である』ということは、偽善的にならずに洗練されていること。無邪気とは違う純粋な面をあわせ持つことなのだ」

芸や振る舞いの美を創出するまでの苦労をまったく感じさせない洗練こそが、ほかの何よりも、もっとも日本的な洗練の特徴なのかもしれません。

3

成熟を求め自分のスタイルを持つ

幸福のイメージの数だけ、美のスタイルもある

——スタンダール、フランスの小説家

ヴィジュアルの好みは人それぞれです。雄大な景色に心を打たれる人もいれば、なぜか古書が好きな人、暖炉の火に癒やされる人、フェルメールの少女の絵に衝撃を受ける人もいるかもしれません。

確かに、私たちが美しいものを美しいと感じる美意識は千差万別です。さらにスタンダールは、そこに私たちが人として成長していくための素質や個性をも含めてとらえています。

そして幸福な人生を送りたいという私たちの願いも、「美」に魅せられることから始まるのです。幸福な人生のマニュアル本などありません。好みが人それぞれ違うように、生き方も人によって違うのは当然です。

さあ、あなただけの幸福のかたち、美のスタイルを見つけてみませんか。

パリのマダムのようにオーダーメイドのシャツを着る

パリでも東京でも、最近、道行く人たちを眺めていると、それなりにお金とエネルギーを使って身だしなみを整えているとは感じます。ですが、昔のような「エレガンス」を服装に感じられないのは私だけでしょうか。

プレタポルテが出現したのは1960年代です。これは同じデザインの服を万人向けに縫製したもので、サイズは小から大まで揃えたとしても、個人の体形をいちいち考慮して作られてはいません。

自分の寸法に裁断されたシャツを一度は着てほしいと思います。そういう体験をすると、出来合いのルーズな服を身に着けてもいつしか自分に合った着こなしができるようになるでしょう。

パリでも、アパレル産業が今日のように発展する前までは、フォーブール・サントノレ通りで服をオーダーメイドすることも、特別なことではありませんでした。今では、デパートの婦人服売り場にはおびただしい量の衣類が売られています。

でも、その中から、どうして私たちは自分のスタイルを見つけようとせず、わざわざみんなと同じ格好をしようとするのか疑問です。実は自分のスタイルが見つかると、少ない枚数でもよくなるということがわかるでしょう。


パリに暮らす昔からの金持ちは、男女を問わず、サンピエール教会前の生地の卸《おろし》店で有名オートクチュール（イヴ・サンローラン、グッチ、アルマーニなど）のセールの生地を買い、オーダーメイドで仕立てています。

彼らは自分の体形に完璧にマッチした服を、オートクチュール品質の生地で、より個性的なデザインに仕立てるのです。そしてその価格もプレタポルテ1着の値段もしない場合がほとんどです。

手持ちの香水3本であなたらしさを印象づける

フランスでは、自分だけのオリジナルな香水を作るために調香師を雇う人がいます。客は、数週間かけて街中や公園を調香師と一緒に歩き回り、香りを嗅いではその印象を調香師に伝えます。

そのイメージをもとに調香師は香水を調合するのですが、当然何千ユーロもすることがあります。それでもオーダーメイドを好む人がいるのは、西洋人は他人と違うもの、ほかの誰も持っていないものを欲しがるからです（そういう人たちがもっとも恐れるのは、パリの夜会で自分と同じ服を着た人と遭遇すること）。

昔の日本女性も香りにこだわりがあり、自分用に調合したお香を衣服などに焚《た》き染《し》め、自分らしさを表していました。夫がほかの女性と浮気をしたとしても、服に染み込んだ香りで見破ることができたとも。

ですが今日では、流行の香水をつけて、みんな同じ香りを振りまいているのは残念なこと。

ひとつお教えしましょう。自分の香水を創作することは簡単にできます。あなたが好きな香水を2〜3種類用意し、それらを混ぜ合わせるのです。

ひとつの香水は頭周りにスプレーします。もうひとつは耳の後ろ、両膝裏、両手首、鎖骨の窪み、または臍《へそ》につけます。最後のひとつはお風呂に数滴たらします。

3つともあなた好みの香りなので、混合しても必ず調和のとれた香りになること請けあいです。

他人を真似して焦らないで

自分にとっていちばん楽なことは、自分自身でいることだと思います。リラックスして楽に生きていくために自分を知り、自分を受け入れるのです。そうすれば人と比較したり、競ったり、人を追い越さねばという焦りも生じなくなります。これで大半のストレスが回避できます。

創造的なシンプルライフとは、巷《ちまた》の宣伝文句に踊らされずに、自分に合った好みを追求していくことです。それは装いだけでなく、趣味、住まい、文化など、あらゆる分野においても同じです。

仮にそれが他人の目には流行遅れに映ったとしても、ブランドやマスメディア、または置かれている環境などに影響されずに、ずばり「自分にとって何が最良のものなのか」を選べることなのです。

それでも周囲にはよい印象を与えたい、とお考えですか。

そのためには、自分自身が心身ともに満ち足りていることです。これは何も難しいことではありません。軽快な身のこなし、手入れのゆきとどいた歯、爪、ヘア、服装、履きやすい靴、そしてリラックスした心と明るい笑みさえあればいいのです。

少女時代の寮生活で身につけた力

私の友人が少女時代を過ごしたという寄宿舎での生活は、私にとってたいへん興味深いものでした。

寮生に許されている衣類の数は、上着から下着、靴下にいたるまで各3点と決められています。彼女らはそれを毎晩手洗いし、所定の場所に干します。

靴下は、5人部屋の窓辺にロープが張られ、靴下の左右の長さをそろえ、まるで万国旗のようにきれいに並べて干さなければなりません。そして、当番制で各部屋がリーダー部屋になり、寮生が登校したあとの部屋の整理整頓具合をチェックしてまわるのです。

また、前の晩のお風呂で使った濡れ手拭いを固く絞って枕元に置いておき、朝いちばん起床と同時に、その手拭いで乾布摩擦をするという規則も驚きでした。冬場は手拭いが凍るため皮膚が真っ赤になったそうです。

食事も当番制で、各部屋が寮生全員分の食事を作ります。

この学校の教育は学問を教えるのは無論のこと、生きていくうえで問題が生じたとき、どのように対処し解決していくか、という人間の基礎的な部分、実用的な面に重点が置かれていると思いました。

たとえば自転車が壊れた場合も、原因はハンドルのバランスが悪いためなのではないか、という具合に、修理するのにも故障した理由をとことん探らせるそうです。

こうして学校は自立を促し、最後まで責任を持って問題を解決することを徹底的にたたき込みます。

でもその解決能力のおかげで、この学校の卒業生は幅の広い行動の自由を手に入れ、そこで培った学びを生涯大切に生活に生かしています。この学校の卒業生は、社会の中でも重要なポストについている人が多いとも聞いています。

自分のスタイルを持って豊かで自由な人に

秘密を内にとどめておくことは、私たちの人格を強め、それが滋養になることがあります。

それはたとえば、晴れ晴れとした幸せそうな表情をしていても、周囲にはそれが何によるものなのかがわからない、というようなことです。

これには魔法のような作用があります。

既成の枠にはまることを嫌い自由奔放に振る舞うことで、周囲からは理解しがたい謎めいた雰囲気を醸し出している人がいます。私が好きな日本人女優、樹木希林もそのひとりです。

彼女はインタビューで、なぜ夫とこれだけ長いあいだ別居しているのか問われても「説明することでもないです。どのみちあなた方にはわからないでしょうから」とかわします。

この実にシンプルな返答は、既成の制約に縛られることなく、自由に生きることを選択した者のみが味わえる贅沢を感じさせます。

私たちは素敵な生き方をする人や、美しさ、豊かさ、創造力、知性、あるいは知恵を持つ人々をうらやみます。なぜならば、そういう人たちは、私たちが気づかずにすでに持ち合わせているもの、またはそうなりたいと夢見るものを反映させているからです。

誰かをうらやましいと思う人は伸びます。そこから、自分らしさ、自分独自のスタイルを確立させましょう。そうすることで私たちは成長し、人としても成熟していくことができるのです。

人生は自分で作り出していくもの。自分の人生の舵取り役を、誰も代わってはくれません。それを担うのは自分しかいないのです。

4

お金はシンプルな贅沢のために使う

贅沢とは自らの生き方、健康、幸福の追求を
嬉々として制御できることである。

――アンドレ・レオン・タリー、アメリカの「ヴォーグ」誌エディター

私が「贅沢」をテーマに執筆していると聞き、フォーブール・サントノレ通りの高級ブティックで働く友人が、興味深いエピソードを話してくれました。

ある日、友人が働くブティックにエレガントなカップルが入ってきたのでよく見ると、それはハリウッド俳優のピアース・ブロスナンとその妻だったそうです。

友人は一瞬胸がドキドキしてしまったと言い、その後ふたりに見入っていると、店の商品であるハンドバッグを見まわしたあとに、ブロスナンは妻の額にキスをしながら、こう言ったというのです。

「妻よ、これはハンドバッグにつける値段ではない、高すぎると思わないかね！」

友人は、ブロスナン級のセレブリティが良識的な価値観を持ち、さらにそれを言うことを恥じないところに感動していました。

お金には使う人の価値観がそのまま出ます。人生を満喫し心を肥やすお金の使い方をしたいと思いませんか。

日常にうるおいを与えるお金の使い方

1円でも安いものを、と節約生活に闘志を燃やす人が大勢います。でもそれは生活を煩雑にするわりには案外見返りが少ないものなのです。

そもそも生活を煩雑にすることは、シンプルこそ贅沢という暮らし方とは正反対。スーパーマーケットで特売をしていたからと、とりあえずひとつあればすむのにお徳用の洗濯用洗剤をふたつも3つも購入し、戸棚を満杯にしてしまうような買い物をして、収納スペースが足りないと嘆く人がいます。

ミニマリストにとっての贅沢とは、日常生活にうるおいを与えるのに役立つ出費を指します。

それは普段は自炊し、ときおり美味しいレストランで思いっきり食べたい料理に舌鼓を打つこと。質のよい服を購入し、長期間愛用すること。日ごろは自宅エステでケアし、たまに週末、友人と温泉に出かけるなど、賢く贅沢に消費することなのです。

ところで、タクシーを使ったり買い物した荷物を自宅に配達してもらうことも、まだ多くの人にとっては贅沢と映るようです。

その反面、自家用車なしでは動きがとれない場所に住んでいる場合を除いて、どうして私たちは自家用車を所有しているのでしょう。ガソリン代、任意保険、自賠責保険、車検などにかかる経費を足していくと相当な金額になります。買い物に出かけ、重い荷物でへとへとになったときにタクシーを使うのは、ひとりで乗車する場合でも、車を所有することに比べれば安いものです。

たとえば外国の街を訪れ、自由時間が24時間と限定されている場合など、タクシーで街の見どころを周遊してもらうと時間を無駄なく、有意義に過ごせます。すでにそうされている方もいるでしょう。

時間があるなら電車やバスを使うのもいいですね。読書したり、ただ、ぼーっと景色を眺めたり、出会いがあったりと、それはそれで楽しい時間が過ごせます。

シンプルライフについての著書を多く執筆しているアメリカ在住のイギリス人エッセイスト、トワネット・リップは、お金は「日常生活の歯車に油を差す」ために用いられるべきだと語っています。

彼女のポリシーは、いくら出費したかなどの計算はしない。その代わり、必要以上のものは絶対に買わない、また自分が消費する量を超える買い物はしないことだそうです。

贅沢とは、お金の奴隷にならないこと、借金を作らないこと、そして必要最低限の生活が保障された老後（安心のない幸福はあり得ない）、お財布の中身を気にせずにときおり小さな楽しみを味わえること、なのではないでしょうか。

お金を感情的に使ってしまっていませんか？

自分の給料に見合わない数百ユーロもするブランドのバッグやスニーカーといった買い物を、平気でカードローンで支払う人たちがいます。こういう人たちには、借金をしているといった感覚はないのかもしれません。

そうした人たちにとってお金とは幸福の幻影でしかなく、この幻影は際限のないものです。しかし、安易に気分転換するつもりでも、この借金による買い物が結局、消えることのない心地悪さを生み、つねに借金している気持ちを引きずることになるのです。

お金は手段であり、その役割は私たちの生活を楽にするためであることを、私たちは忘れがちです。また、買い物は本来、見栄や人に一目置かれるためにするものではないということです。

お金はそれほど多くは持っていないけれども、人生は満喫している、という人も多くいます。このような人たちは「質素なミニマリスト的生活の醍醐味」を知っている人たちです。

よい生き方とは、その手段の問題というよりも、お金とその使い方の健全な関係を築くことなのです。そして、それはちょっとしたセンス、良識、そして知恵の問題。

少ないお金でも、私たちは洗練された上質な生活が送れるのです。

ポイントカードを持たないのが私のほんの贅沢

値段を見ないでトマトを買えることは贅沢のひとつです。でも、このような小さな贅沢を自分に許してあげるためには、良識を働かせる必要があります。どうせ買うなら旬の野菜のみを買う、というように。

私が個人的にほんの贅沢と呼んでいるものに、「ポイントカードを持たない」というのがあります。

ある日、ポイントカードをしきりに勧めるコンビニの店員に聞いてみたのです。「100万円の買い物をしたらどれだけのポイントになるの?」と。するとその店員の答えが0・5パーセント、お金に換算すると5000円。

なんとなくバカバカしくなり、それ以来、私はポイントカードを廃止することにしたのです。ポイントカードで客の買い物の動向を調べることや、それで客をつなぎとめることに協力して、さらに消費欲をあおる片棒をかつぐ気にはなりませんでした。

イギリスでは着古しのレインコートがセレブの証

イギリスのセレブのあいだでは、袖がすり切れるくらい着古されたマッキントッシュのレインコートを着ることが、ステータスシンボルになりつつあります。上質なものを長く愛用するというライフスタイルの象徴だからでしょう。

この古き良きレインコートは玄関ドアの近くにいつもかけてあって、朝、近所のパン屋までクロワッサンを買いにいったり、犬の散歩のときにパジャマの上からさっと羽織れるようになっているのです。

言わずもがなのことですが、セレブは、大量消費社会に騙《だま》されるようなことはありません。それは彼ら自身が、この消費社会の手綱を握っているからでしょう。

彼らがより裕福になるためには、世間にティッシュペーパーのようなファストファッションで幸せになれると信じ込ませないとならないのです。

ところが彼らは、絨毯がすり減るとすり減った絨毯をそのままにして、その上に新しい絨毯を重ねます。決して捨てるのがもったいないからではありません。上質な絹糸で織られた絨毯が当たり前なうえ、重ねることでよりソフトで快適になるからです。同じように、肘掛け椅子が古くなっても、上からショールをかけることを恥ずかしいとも思いません。

「偽金持ち」のみが新品に囲まれて生活し、支払いはすべてクレジット払いにするのです。

京都の大地主のつましく穏やかな生活

京都の不動産屋で働く私の友人から、京都に何千坪もの土地を所有する地主夫婦宅を最近訪れたときの話を聞きました。裕福であるはずの夫婦の住まいは想像できないほどの小さな家で、生活も実に質素だったというのです。

しかし、つましいからといってケチというのではなく、所有している土地も固定資産税が支払えればいい、と信じられないほど安い価格で貸しているそうです。

彼らの日常は淡々としています。午前中に買い物に出かけ、昼には自宅で昼食をとり、午後は近所を散歩するという日々を楽しんでいるのです。

「旅行も外食もまったく興味がないのよ！」。そう言って友人は驚きを隠そうともしません。

現代の刺激的な生活よりも、穏やかな日々を選ぶこの夫婦のシンプルな価値観、生き方に考えさせられたのと同時に、ほかの人にも知ってもらいたいと思いました。

シチリア島で休暇を上手に過ごす女友達

小さな家でも、見晴らしがよいなど素晴らしい環境に建てられているのであれば、大邸宅よりも贅沢と言えます。またミニクーペのオープンカーなども、大きな高級車にひけをとらない贅沢品です。

サングラスをかけ、風に髪をなびかせて、ビートルズの懐かしい曲でも流しながら秋の箱根までドライブし、熱い露天風呂につかり、日本的なジビエ料理の猪鍋をつつく。このような週末の過ごし方は想像するだけでもワクワクします。

こうした贅沢を楽しみに、私たちは日々働いているのではないでしょうか。

贅沢に生きることとは、必ずしも所有する金銭の多い少ないによるものではありません。要するに、持っているお金を賢く使うことなのです。

しかし、そのためにはやりくりの良識と、少しだけのこだわり、それとちょっとしたノウハウ、たとえばマイルを貯めるビザカードを使ったりすることです（すべてカード払いにすることでマイルが貯まり、2～3年に1回でもただで旅行ができます）。

私のフランス人の友人のひとりは決して裕福ではありませんが、それでも贅沢な暮らしをしています。

毎年春になると、その友人は数週間シチリア島に小さな家を借りるのです。もちろんその家は簡素な小屋ですが、地中海を一望する素晴らしい眺めの窓から朝日が差し込む時間に目覚め、ときには隣の家にオリーブの実を買いに出かけるそうです。

その友人がパリにいるときは、ロンドンで見たい展覧会が開催されれば、即、日帰りでロンドンまで出かけていきます。ユーロスターの格安チケットも含め、これらのお得情報を彼女はインターネットから入手しています。

贅沢の象徴となった高価でもない紅茶用セット

皮肉屋とはあらゆるものの代価を知るが
何物の価値をも知らない者のことである。

——オスカー・ワイルド、アイルランド出身の詩人・作家・劇作家、
『オスカー・ワイルド全集3』（西村孝次訳、青土社）より

日本の茶の巨匠である千利休は、柳細工の魚取り籠を茶室の花瓶に仕立てるというように、用途を変えることでそのものに新しい価値を定めました。これを「見立て」

と言うそうです。

このようにものの価値はお金の問題ではなく、高価な贅沢品が、それを持つ人の社会的ステータスのシンボルになるとはかぎらないのです。

真に価値のある品とは、そのものの成り立ち、それが呼び覚ます記憶、場合によってはそのものが提供する特別な利用法といった、つかみどころのない価値観に基づいている場合があるのです。


2015年に、ロンドンのヴィクトリア・アンド・アルバート博物館にて開催されていた「贅沢について」の展覧会では、このセオリーを説明するために、特別高価でもなく装飾的でもないけれども特徴のある紅茶用セットを展示しました。

このセットは、かたちの違う3つのティーカップにより構成されています。それぞれが、異なる種類の紅茶フレーバーをより美味しく味わえるつくりになっているのです。これは紅茶通にしてみれば、かけがえのないセットになるわけです。

贅沢とは楽しみを提供するものです。この紅茶用セットは、贅沢が値段とは別の価値を併せ持っていることを証明していたのでした。

5

感性を喜ばせるたくらみ

日常は、その平凡さの下に幾千もの胸躍らせる意外な発見をちりばめている。偉大なアートとは「凡庸から非凡を創り出す」こと、多くの小さな喜びを見つけ、それらをすべて統合させたものを幸福と呼ぶのだ。その処方箋はというと、それは雑多なこと、くり返しや退屈を避けることだ。このように生きることで、想像力に富む洗練された「日常のアート」をかたち作ることができるようになる。

——ジャック・ダール、フランスの中国学者・中国文献翻訳家、『李漁の秘密の覚書』より

同じモノグラムがついているハンドバッグを持つことが憧れだった1980〜90年代に比べると、日本においても贅沢の解釈には変化が見られます。

今の若い人たちが車や洋服に関心を示さないという傾向も、そういう彼らの新しい生き方で、新しい贅沢のかたちなのかもしれません。

それは世間の流れに惑わされず、一見地味でも自分らしく、心から楽しめる喜びを見つけていく生き方です。

この生き方には今も昔も共通する点が見られます。ただ、異なるのはその方法です。昔の日本では、自分の道を厳しく追求していくやり方でした。今日では、よりゆるやかに自分自身を自由に開花させ、自我を探求していく方法でしょうか。

そのためには、「こだわり」がポイントになります。これは贅沢を現代風に呼び変えたものと言えるかもしれません。

この「こだわり」があるため、ある旅館の女将はわざわざ北海道の奥地に住む職人に手縫いの布団を発注して客に提供し、ある消費者は、特別なわかめや鰹節をインターネットで探し回ったりするのです。

「こだわり」によって、出来合いのものを買わず、才能ある職人に特注するほうを選べば、その商品や技術を長く継続させることにもつながります。

どちらかと言えば、見かけよりも個人的な価値観に重点を置くという点において、「贅沢」と「こだわり」、このふたつのコンセプトは、現在の社会のまったく新しい価値観になってきているように思うのです。

1日＋1日＋1日……が私たちの「人生」

毎朝、あなたは起床とともにテレビをつけて、インスタントコーヒーを飲みながらあわただしく着替え、家を飛び出していませんか？　それでは駄目です。

よい一日のスタートをきるためには、ゆったりと朝の時間を過ごしましょう。たとえば手挽きしたコーヒー豆でコーヒーを淹れ、新聞を読み、音楽をかけてみるのもいいかもしれません。朝の身支度に十分時間をかけることは、決して時間の無駄にはなりません。むしろその逆です。

就寝と起床の時間を30分だけ早めてみてください。そうすることで朝のお楽しみの儀式が生まれるだけでなく、その日一日が上質なものになります。

1日＋1日＋1日と、ずっと足していくと何になるでしょう？

答えは、おわかりですね？　私たちひとりひとりの「人生」です。

日常生活にプチ贅沢をちりばめる

毎日同じことのくり返しにうんざりする日々に、上手に楽しく「小休止」をもたらす方法があります。

日本人はこうした楽しみ方を「プチ贅沢」と呼んでいます。これは誰にでも必要な楽しみです。このような「小休止」で、単調な日々にはうるおいを与え、心身も癒やされるという一石二鳥の効果がもたらされます。

この「プチ贅沢」は、大型休暇をとるような西洋ではあまり見られないもので、日本人特有の文化かもしれません。

たとえば、お正月に都心のホテルに宿をとって新年を迎えたり、温泉に一泊するために往復8時間もかけて新幹線で出かけるといったレジャーのこと。これはヨーロッパの人々の目には、正気とは思えない大いなる無駄遣いに映ります。

一方、西洋では少し余裕ができると別荘を購入する人が多くいますが、日本人にはあまり見られません。

このように、贅沢の解釈は、個人や国籍、文化によって受け止め方が異なるのでしょう。かたちはどうであれ、日常にうるおいをもたらす贅沢が、私たちにとって絶対に必要なものであることには変わりありません。

感性は感動によって息を吹き返す

文化とは感動です。知識の蓄積が問題ではないのです。
ナチスの高官らの多くが、
幅の広い知識を持っていたのはよく知られていたこと。
しかし、彼らはあのとき、
すべての文化を破壊しつくす技の頂点を極めていたのです。

——ミシェル・オンフレ、フランスの哲学者、『コスモス』より

5 感性を喜ばせるたくらみ

贅沢の真髄とは、人の目にどう映るか、自分をどれだけ目立たせるかというよりも、感性を満たすもの、感動を与えるもの、ではないでしょうか。

感動がなければ、私たちの人生は耐え難いものになっていたはずです。

素晴らしい音楽を聴いたとき、私たちはうっとりして思わずつぶやきます。「なんという贅沢」と。私たちは教養よりも、「感じること」を必要としているのです。

体が食物を必要とするように、私たちの感性は感動によって息を吹き返します。

感動の対象は人それぞれとはいえ、ひとつ明白なことは、私たちが例外なく、生きる糧《かて》として「快楽」を必要としている点です。

快楽に逃避するようになっては本末転倒ですが、これが単調な日常を耐え忍ぶことや灰色な日々からの脱出を助け、明日への活力を蘇らせてくれるのです。

何世紀ものあいだ、西洋のキリスト教的な思想では快楽をタブー視してきました。

でも、実はそうではないのです。

健康に感謝するときシンプルな贅沢の意味がわかる

自分の健康を気遣うことが、シンプルな贅沢を味わうひとつのきっかけになるでしょう。

もしあなたが、騒々しい都会の生活者であれば、静けさ、ひとりになること、平穏を見いだすことはかえって勇気のいることなのかもしれません。

夜のレセプションのお誘いを断り、帰宅してはやばやと就寝することや、毎日とれたての有機野菜を食べること、まして車の騒音のない静かな場所に住まいを構えることなど、パリや東京、ニューヨークといった大都会に住んでいるかぎり難しいはず。

超軽量のアイダーの羽毛布団をかけて、窓を開けたまま、外の騒音もなく、目覚まし時計もなく、夢も見ずに、深い眠りを満喫し、元気いっぱいで目覚めることは、どんなお金持ちでもなかなか得ることのできない贅沢です。

お風呂場にキャンドルを1本だけ灯して泡風呂に入り、よく冷やしたカバワインを飲む。このようなことも体調がよいからこそできる贅沢です。

当たり前のことですが、体の調子がよければどこにいてもご機嫌でいられます。休息をしっかりとり、リフレッシュした体であれば、いかなる日々の挑戦も、勇気と熱意とともに挑むことができるのです。

ご機嫌になれるものを毎日の習慣にする

友人の母親はひとり暮らしをしていて、いつも朝食を喫茶店のモーニングセットですませていると聞きました。毎朝、パンを焼き、卵を茹でる手間をかけずにすむことが彼女のささやかな贅沢だそうです（これは長年主婦をなさっている方のほとんどが納得することでしょう）。

そして、店の客と他愛のないおしゃべりをすることが、その日一日の活力になるというのです。

喫茶店を出たあとはただ家に帰るだけですが、翌日またそこに出かける楽しみが待っていると思うと、気分転換したりしなくても、日々軽快に過ごせるようです。

若い女性のお楽しみのようなプチ贅沢リスト

●朝起きたら優しい音楽をかけ、テーブルに白い花を飾って食事をとる。
●毎朝5分間のヨガの時間を設ける（同じポーズでもかまいません。インターネットの動画でやさしいポーズがすぐに見つけられます）。
●「電話に出ない日」を設定する。
●自分を落ち着かせる必須アイテムとして、つねにコンパクトと口紅、ミニヘアスプレーを持ち歩く。
●安っぽいベニヤ板のナイトテーブルを使うより、フリーマーケットで革製の古いトランクに出会えたら、これを再利用する。

●アンティーク好きの場合、骨董市で年代を感じさせる商品を購入し、古びたアパートをおしゃれに変える。

●インターネットで次の流星群到来を確認する。

●ホテルやレストラン、ネイルサロンなどで使う自分の名前を考えておく（自分の本名を使う必要はまったくないのです。別な名前で呼ばれてみるのも快感です）。

●ノートにインスピレーションを与えてくれる人の写真を貼る。そうすることで、無意識にその人たちに近づいていける。

●ある日は冷蔵庫内にある材料で美容マスクをしてもいい（ヨーグルト、潰したアボカド、バナナ、はちみつなど）。自分に施すビューティーケアは絶対に無駄にはならない。なぜならば気分が上がるから。

●お風呂上がりに浴衣を着て、ミュールをひっかける。かぎりなく女性であることを意識してみる（このごろ、浴衣の値段は、部屋着の値段とさほど変わりません）。

●クローゼットに匂い袋、なければよい香りの石鹸をさいころ状に切り袋に入れて香りをつける。

●体形を維持するために、「空腹時に食べられること、これを超える贅沢は人類の歴史上ほかにには存在しない」と自分に言い聞かせ、空腹になるまで待つ。

これらの処方箋を、「まるで若い女性の読む雑誌で見かけるような内容！」と思った方もいるでしょう。つまりそれくらいでいいのです。

実は、このようなレシピの軽薄さがどの時代にも通用してしまうのです。お手軽で表面的な行為もときには必要です。

こうした心地よい刺激で私たちの眠っている感覚は目覚めます。なんにせよ、感覚がすり減ってしまうと、心を病んでしまうことだってあるのですから。

カリフォルニアの友人に教わった夕食の楽しみ方

アメリカ、サンフランシスコの南に位置する街、モントレー近郊に住む友人ふたりは典型的なカリフォルニア気質の持ち主。ですから、気楽な楽しみ方をよく知っています。

彼らは、前日の夕食で、ロースト肉を数枚、パンを少々、それにチーズを別に取り分けておくのです。これは、翌日の食前酒のつまみになります。

日が暮れる6時ごろになると、彼らは焚火を起こします（カリフォルニアの夜は夏でも冷え込むので）。

まず、前日のロースト肉やチーズに、レタスと軽くトーストしたパンを添えて簡単なおつまみを作りお盆に載せ、焚火のそばに腰かけ、ウィスキーまたはよく冷えたワインで食前酒を楽しみます。

そして飲みながらワイワイ作る夕食は、義務というよりウキウキする作業。話も弾み、時間をたっぷりかけた夕食は、少し飲みすぎるかもしれませんが、食事の量もそこそこで、消化にもよく、一石二鳥になるわけです。ただし、くれぐれも度を越さないこと。

日常の営みの中で小さな贅沢を見つけて楽しむことが多くなれば、ストレス解消の衝動買いも防げるでしょう。これもシンプルに生きるための「技」なのです。

6

豊かで縛られない住まい方

自分の家を美しくすることは、自らの人生を美しくすることである。

——ウマル・ハイヤーム、ペルシャの学者・詩人

前作『屋根ひとつ　お茶一杯』（講談社）で、私が言う贅沢な住まいとは、小さくシンプルであることにより、エネルギーに満たされる暮らしができる場所。また、豪華な家が必ずしも幸せのシンボルではなく、むしろ広い家に住むとその維持や管理の負担が住む人にとってストレスの元になる、とも書きました。

甘くないビジネスの世界、成果を日々求められ、一日中闘った人にとって、その日の終わりに落ち着ける自宅に帰れることは、どれほど幸せなことでしょう。そこが豪華な家でなくても、自分を取り戻すことのできる空間であれば、理想的な住まいと言えるでしょう。

わが家が居心地のよい空間であれば、安らぎだけでなく本当の自分を必ず取り戻すことができます。私たちが求めているのは、実は物質的に所有しているものではない

のです。

居心地をよくする秘訣はと言えば、汚いくらいが落ち着くなどと言わず、まずはものを少なくし（そうすればその後の整理整頓も楽です）、清潔にしましょう。見た目の空間の開放感、これがいちばんくつろぎを与えてくれます。

そして、家は何かしら自分に通じるもの、類似するものです。それは私たちが「美しい」と感じるものや場所のこと。自分のお気に入りのものを配した空間の中にいてこそ最高の満足感、すなわち贅沢を味わうことができ、その部屋はあなたらしさを伝えるのです。

部屋に何もないのがシンプルなのではありません。自分らしさが出ているものしか置きたくない、というスタイルの中でくつろぎが生まれるのです。これこそが「豊かな暮らし」と言えるでしょう。

狭い住まいでも機能的な家具を配置し、自分の好みにレイアウトされた家は、ホームウェアを着ているような気楽さを提供してくれます。このような住まいは晴れの日も雨の日も、寒い日も暑い日も、それぞれに新たな魅力を見せて私たちを楽しませてくれるのです。

日常にホテル暮らしのようなひとときを作る

夢――それは思考のぜいたくである。

――ジュール・ルナール、フランスの小説家・詩人・劇作家、
『ジュール・ルナール全集12』日記Ⅱ（柏木隆雄・住谷裕文編、臨川書店）より

ホテル暮らしを1～2ヵ月してみるのも悪くない、と思っている人もいるのではありませんか。

イギリスの名優テレンス・スタンプ（当時74歳）がインタビューでこんなことを語っています。

インタビュアー　あなたのことを、なりゆきに任せて生きる自由な精神の持ち主と評する人がいますが。

テレンス・スタンプ　そのとおり。ただ私の好みはいつも、自分の経済力を超えてしまうのです。私がいいなと思う物件を見つけても、購入するためにはたいてい200万ドルほど足りません。
しょうがないので、私は贅沢なバガボンド（放浪者）として、ホテル暮らしか友人の家の居候《いそうろう》として生きています。特別な期待もせずに時の流れに身をゆだねて、私は一時一時を満喫しています。

ホテルで暮らすシミュレーションをしてみましょう。持ち込む荷物は、衣服一式が入っているトランク、洗面道具、インターネットにつながるパソコンまたはタブレットと本数冊。持ち物はこれだけです。好きな曲はダウンロードして聞きます。

身軽に、気楽に生きるためにこれ以上何が必要でしょう。

旅の荷物を見ると、人生で必要なものは本当に少なくてすむとわかります。あとは、そう、ちょうどバカンスのときの気分を思い出すのです。

しかし、このように生きるためには、もちろん仕事は別として、さまざまな束縛から自分を意図的に解放する強い意志と精神力が必要になります。というのも、私たちをへとへとにさせているのは、仕事ではなく、むしろ自分で自分に課しているさまざまな束縛だからです。

心が自由なKさんのやどかり生活

私の友人のひとりで、たいへんユニークな生き方をしている人がいます。京都のカフェで出会ったKさんです。

彼女は、まず、一ヵ所に縛られることを嫌い、やどかりのように月借りする古ぼけた部屋を半年ごとに引っ越しているのです。仕事も飽きないようにと、2件のパートタイムの仕事を交互にこなしています。

持参する家財はフライパンと鍋のふたつきり。家電製品は邪魔になると言います。Kさんの家には低い小さなテーブルと布団一式が置いてあるだけで、押し入れの引き戸を外し、鴨居に直接数少ない服をかけています。

欲が少ないKさんですが、シェークスピアや谷崎潤一郎を愛読し、ひとりで散歩をするのが好きで、誰も知らないような京都の裏道も熟知しています。

もの静かな話し方をし、立ち居振る舞いはなぜか流れるように優雅なKさん。それもそのはず、長いあいだ芸者の置屋で「お母さん」の助手として働いていたそうです。

伽羅《きゃら》のお香で首筋に香りをまとい、いつも品よく化粧を欠かさず、ネイルの手入れも完璧です。

彼女はアンティーク着物を数枚持っていて、夢はいつの日か、その着物を着てパリに行くことだそうです。そういうKさんの生き方は総合すると「自由」な生き方に見えませんか？

私がずっとそのホテルにいたいと思う理由

これは退廃的な快適なのだ。
私たちはソファや肘掛け椅子にはまり込み、
もはや完璧にそこから抜け出せなくなっていた。
――アメリー・ノートン、ベルギーの作家、『君主の行為』より

家の居心地のよさを測る基準は？
まずは、そこにいると時間の流れ方が変わってきます。
次に、時間を「失う」ことを気にせずにいられます。
そして最後に、甘美な怠惰に身を任せられます。

ホテル川久《かわきゅう》712号室、このホテルの一室を利用するようになってからすでに15

年以上になります。ずっとここですごしたいという思いにさせるホテルは、世界中どこを探してもここ以外にはないと思っています。

本書を執筆するためにこの部屋に籠ってから10日経ちますが、私はその快適さの秘密を日々発見するのです。

和室のつくりなので余計な家具は置かれていません。全体の美観を損なうことなく、作りつけの押し入れや戸棚がいたるところに設《しつら》えてあります。間接照明も私の疲れを癒やしてくれました。

深山の静けさ、鳥のさえずり、目前には白浜の海が広がります。部屋が外の世界をさえぎらないのは、ほかと比較できないシンプルな快適さがあるからでしょう。

この部屋にいると、不思議とすべてのものごとがとどこおることなく軽快に進むのです。

「こだわり」があなたらしいスタイルを磨く

スキンケア・ヘアケアなどのショップ、イソップ（Aesop）に、シャンプーを買いにいったとき、レジで精算していて気づいたのが、備品の文房具がすべて黒に統一されていたこと。お店の人が、インテリアデザイナーによってコンセプトが決められ、文房具はすべて黒一色に統一されていると教えてくれました。

そして面白いことに、文房具は無印良品で揃えたものでした。シンプリシティとセンスのよさは、経済力の問題ではないことをここでも再認識しました。

極端な話、仮にあなたが少ないお金でひとり暮らしを始めて、全部一から揃えていくことになった場合、このようなささやかな「こだわり」があなたの再出発をリードしてくれるでしょう。そして次第に、あなたらしいスタイルの人生を優雅に、ブレることなく築いていけるのです。

禅僧は畳1枚、荷物ひとつきり

禅僧は剃髪式の際に袈裟《けさ》文庫と呼ばれる箱を与えられ、そこにすべての私物を収納するそうです。それは一生、その箱に入るものしか持たないという誓約を意味します。この箱は、物質的なものへの執着心を断つことを象徴するのです。

居住スペースとして畳1枚分と日用品を並べる畳幅の棚が与えられます。禅僧を真似るまではいかなくとも、ものに執着しないという心の贅沢を味わうのは誰にでもできることです。

その場合、便利な小さなアパルトマン、健康であること、これが幸せと最高の贅沢を享受するための唯一の条件になります。韓国の禅僧はよりストイックで、健全な精神と強靭な肉体のみを贅沢と考えています。

この世に何ひとつ残さないというロマの哲学

ロマであることは〝何者にもならない〟ことだ。
スポーツにおいても、流行においても、
ショービジネスにおいても、政治においても。
私たちにとって社会的な成功は意味のないことなのだ。

——アレクサンドル・ロマネス＝ブーグリオーヌ、
シルク・ロマネス団長・作家・詩人、『ロマと著述家』より

現代のフランスを代表する哲学者、ミシェル・オンフレがその著書『コスモス』の中でロマの価値観について述べています。

彼らにとって仕事とは、自己達成のためではなく、生きるための手段だとオンフレは語っています。ロマは金銭も、それを所有することも、名誉も権力も好みません。

彼らにとって何かを所有することは、反対にそれらに拘束されることを意味します。この人たちは、人やものにいっさい拘束されないことを尊ぶ自由な民族なのです。

彼らにとって、ものを通じてつながりができることはあり得ない話。存在していればそれでよい、何も所有する必要はないと考えるからです。

彼らの住居であるトレーラーハウスには「存在する」すなわち生きていくために必要なもののみが揃っています。それ以上でもそれ以下でもありません。

この「存在」の法則を外れるものを、彼らは「ガジョ」(gadjo、定住者)と定義しています。それは存在するためにものを欲しがる者を指し、自らの存在も確保できていない者のことだそうです。ロマにとってガジョは、その者自身さえも所有していないと言うのです。

ロマが死ぬと、ひと昔前までは、馬車ごと私物を燃やしてしまっていました。宝石は棺桶の中に一緒に納められるか、葬儀の費用などに費やされたそうです。持ち物すべてを焼却するということが、ロマ民族のものに対する執着のなさを物語っています。愛しい者を失ったときは、何ひとつその者に代わるものはないからだそうです。

誰でも本能的に癒やしを住まいに求めている

ヴィルヘルム・ヴォリンガーというドイツの美術史家は、私たちには「人や社会に不足しているものを自分の住まいに取り入れる傾向がある」と分析しています。厳しい規則にがんじがらめの社会に暮らす人々は、その重圧から逃れようと、住まいには明るく幻想的な色彩、活気をもたらす奇抜な刺激を欲するというのです。

たとえば、オフィスが最新設備でスキのないレイアウトの人は、自分の家くらいナチュラルで気負いのないものがいいと考えます。自分たちが、日々の生活の中で自然との接触を失っていると感じているからでしょう。

反対に、古代ギリシャの人たちは生活の大半を野外で過ごしていたため、また当時の都市は小規模で、森や海に囲まれていたので、彼らは芸術に自然界を表現する必要を感じていなかったから、自然描写が少ないというのです。芸術においても、私たちはつねに、生活に欠けているものを追求してきたわけです。

7

心を刺激する上質なものたち

ものに対する小津の愛情は、登場人物や脚本と同等に重要であった。
それは単純に人生に対する愛情だったのだ。

――ヴィム・ヴェンダース、ドイツの映画監督、『小津』より

幸福を定義するものがひとつだけでないのと同じように、人の数だけの幸福、そして贅沢もあるのです。

誰もが幸せを追い求めるように、贅沢な思いに満たされる場面もさまざまで、美に最上の価値を置く人、完璧な肉体美を追い求める人、清潔さや整理整頓を追求する人、みな、それぞれに求めるかたちこそ違え、生きていくためには誰もが贅沢を必要としているのです。

そこでこの章では、ものが私たちに与えてくれることとは何かを述べていきましょう。

ひとくくりにものと言っても、職人技的なものから、人間工学的、優れたデザイ

ン、贅沢品とされるものまでいろいろあります。ただひとつ確かなことは、ものが私たちの生活をより快適にするためにあるということです。

そして、次第にそのものが私たちに馴染み、空気のような存在になると、私たちのあり方もより自然でくつろいだものになります。

さらに、こうした役割のほかに、私たちの心がものを求めるにはわけがあるのです。それは、ものが上質であればあるほど、私たちを変える働きをするからです。

上質なものと暮らすと、よりシンプルになれる

すっきりとしたスカンディナビア製の白い食器を好む人と、華麗な模様が施されたセーブル焼きの食器を好む人では価値観も個性も違います。スカンディナビア派はシンプルで自然な生き方を好む人でしょう。一方のセーブル派は、身分やしきたりを重んじる人たちが多いように思います。

私たちが無意識に毎日くり返しているもの選び、これには実は私たちの精神を安定させ、幸せな気分に変えるというたいへん重要な作用があります（捨てるものを選ぶのは私たちを疲れさせますが）。

そして選ばれたものたちには、私たちの内面が反映されます。ですから、自分の好みを知ることは、自分自身を知るうえでとても大切なことなのです。

その家のドアノブひとつでも、住む人のキラリと光る個性を感じさせるときがあり

ます。

自宅の床を艶のある天然木の板に張り替えてみると、もうそれだけでほかの装飾品は何もいらない、と思う人は少なくないはず。その上質感から私たちは「本質」を学んでいるのです。

このように、よく吟味されて選ばれたものたちは、私たちの個性を表すだけでなく、見返りに、シンプルで謙虚な生き方を教えてくれているような気がします。

こうした小さな積み重ねが、知らず知らずに私たちの生き方に影響を及ぼし、上質なものに囲まれて暮らすことで、徐々に自分自身も変わっていくのです。

落ち込んでいるあなたを上質なものが救う

プレゼントに何が欲しい？　と尋ねられたら私はこう答えます。

「高価でなくてもいい、でも贅沢なもの」と。

こうして私は、妹からのプレゼントだったウォルフォード社の下着にめぐり合いました。それ以来、私はずっとこのメーカーの下着を愛用しています。

私が同じように忘れられないプレゼントは、一粒の苺、それもたった一粒の大きな苺が、まるで有名パティシエによるケーキのように大切に箱詰めされたものでした（値段も実際のケーキと同じくらい）。

口にすると、これ以上の苺はない！　と思わせるほどのみずみずしさと繊細な味わい。この苺の味を私は一生忘れることはないでしょう。以後、高級フルーツ専門店に並ぶ宝石のようなフルーツを見かけても、その高い価格に見合うだけの値打ちがあると思うようになりました。

上質なものの役目とは、それによって五感を刺激し感動させることです。

一見矛盾しているようですが、金銭的にゆとりがないとき、気分が落ち込み不安なとき、悲しいときこそ上質なものを最優先に求めるべきなのです。

上質なものは私たちを癒やしてくれます。

それは電子レンジで温める出来合いの料理ではなく、とれたての旬の美味しい野菜で作った手作りのスープであるかもしれません。

心の安らぎを感じるお年寄りの持ち物

お年寄りの方々の持ち物に、何か心惹かれるのはなぜでしょう。特別高級なものではなくても、大切に使い続けてきたものには美が宿ります。確かに、昔のものには本物が多かったのも事実です。家具は本物の木で作られ、食器も磁器か陶器、漆器、寝具には純毛もしくは純綿が用いられていました。それゆえたとえ流行おくれになっても、長い年月にわたり使いこまれてきた味わいが備わっています。

こうしたものと丁寧に暮らすお年寄りと一緒にいると、不思議なほど心が安らぐのです。

日用品ほどグッドデザインのものにする

デザインという英語はみなさんがよく使う言葉ですが、それが何を表しているのか、ひとつのマグカップを例に説明してみましょう。

マグカップの持ち手の部分は便利です。カップが熱いときなどは特に、まずは自然と持ち手の部分に手が行きます。「持ちやすさ」、これがデザインを評価するための最初の課題です。

次にカップの側面にそっと手を触れ、これから味わうコーヒーの熱さを測ってみます。または両手でマグカップをはさむように持ち、カップの熱で手を温めます。これは快感を味わう方法のひとつです。このように、コーヒー一杯の味わい方にもさまざまな方法があることがわかります。

私の友人は、北海道産のダケカンバ材で造られたマグカップを使っています。木製ですから軽く、優しい感触。飲み口が広く開いているので飲みやすさも抜群です。ほっとひと息つきたいなというときに、こうした木製のマグカップもお勧めです。

このように、いつでも気軽に、味わい深く使えるようにしてくれるものがグッドデザインと呼ばれます。それを使うことで、私たちにプラスのエネルギーが注入されると、それが積もり積もって私たちの日常の質を高めてくれるのです。

宝石は最高のものをひとつと決める

宝石はお好きですか？　それならば清水の舞台から飛び降りる覚悟で、ひとつ自分に最高のものをプレゼントしてみてはいかがでしょう。

今持っている宝石に飽き足らず、つねに新しいものを追い求めている自分をその宝石が癒やしてくれるはず。

たとえば、美しいダイヤの指輪に心底満足していれば、不思議とほかの指輪が欲しいとは思わなくなります。本当に欲しかった上等でよいものを手に入れると、それがあればもう何もいらない、という気分になるからです。

「上質なものは長い目で見れば倹約につながりますよ」

私が最高級の山羊革の財布に魅せられ、買おうか買うまいかさんざん迷っていたとき、店員さんがこう言いました。その言葉どおり、確かにその財布を私は長い年月愛用しました。

ほとんどの場合無意識ですが、私たちはものを使うときに満足しているかイライラしているかのどちらかなのです。

切れ味の悪いキッチンバサミや閉まりの悪い蛇口、滑りの悪い網戸など、小さいことでもイライラします。

使うものを使い勝手のよい上質のものに取り替えることで、小さなイライラが消えます。すると、イライラすることで無駄に消費していた私たちのエネルギーを節約できるのです。

私をご機嫌な気分にしてくれた1枚のコート

ものに対してもひと目惚れの瞬間が訪れることがあります。

私の場合、それは日本の着物用コートでした。たまたま友人に浴衣をプレゼントしようと思い、和装店を覗いていたとき、マネキンが着ていた光沢のあるグレーのコートに目が釘づけになったのです。

ゆったりとした襟、毛皮のように起毛していて軽くてソフト、着物コートなので袖の部分も当然たっぷりしています。

私は思わず値段も確認せずに試着してしまいました。このコート、見た目以上に身にまとったときの感触のほうが勝っていました。「素材は何?」と尋ねると、店の人が100パーセントアルパカ製だと教えてくれました。

コートをまとったときに感じる軽やかさ、これこそがまさに私が生活の中で何よりも優先させている「品質」です。

私はそれまで着ていたコートを包んでもらい、さっそく買ったばかりのアルパカのコートを着て店をあとにしました。

その冬、このコートを着ない日はなく、羽織っているあいだ、特別な自分、そう、少しだけ芸術家になった気分がしたものです。

冷たい外気の中でもウキウキとした軽快な気分になり、すれ違う人たちにまで朗らかさが伝染しているように感じられました。

贅沢とはこのような幸せな瞬間、私たちをご機嫌にしてくれる「何か」なのではないでしょうか。でもこれには値段はつけられません。プライスレスなのです。

好奇心を持ち、ときには大胆になってみる

好奇心にかられて大胆な行動に出ることから学べるものも多いのです。

私は以前、京都の骨董屋で、それは見事な錫《すず》製の茶筒を購入したことがあります。店の主人には、「中をまだきれいにしていないよ、茶葉が残っているかもしれないから捨ててくださいね」と言われました。

ところが私は、好奇心からその残っている茶葉でお茶を淹れてみたのです。少しぐらい気分が悪くなってもかまわない、茶の味わいが残されていないか試してみたくなったのです。

すると、この古い茶葉の香りはしっかりとした味わいとともによみがえり、私にうれしいサプライズを与えてくれました。

その後調べてみたところ、錫製の茶筒には、茶葉を湿気から守るだけでなく、茶葉を熟成させる働きもあることがわかりました。

思い出の品への愛着は人生への愛情そのもの

「心で見なくちゃ、ものごとはよく見えないってことさ。かんじんなことは、目に見えないんだよ」(『愛蔵版 星の王子さま』サン＝テグジュペリ、内藤濯訳、岩波書店)と、星の王子さまは言っています。

私の祖父が使っていたスープ皿は、縁が欠けて全体が黄ばんでいます。ところがそれは、私の母のお気に入りの食器のひとつでもあるのです。

母が持っている素晴らしいドーム工房のクリスタルガラスよりも、彼女にとっては貴重なものなのです。

時が経つほどに美しくなるものがある

お金では決して買えないものというのもあります。ものが古くなるにつれて出てくる古色や艶です。

赤土で作られた急須が、長い年月を経て幾千回もお茶を淹れることで、赤銅《しゃくどう》のような光沢を見せる。または家の玄関先の苔むした石、あるいは赤い漆塗りの椀が見せる深く豊かな光沢など、時を経ないと美しくならないものもあるのです。陶器でいえば、ひびが入り、変色が始まって初めて味わいが出てきます。

もっとも贅沢な手縫いの革のハンドバッグにしても、使い始めてから少なくとも数年経たないと美しくなりません。時が与えてくれる品位、優雅さがにじみ出てくるのです。

これらのものは移り変わりの激しい現代の変化の影響を受けずに、私たちに過去の価値観、それがもたらした豊かさと感性を教えてくれるのです。

職人とのふれあいもオーダーメイドの喜び

何かをオーダーメイドしたときは、出来栄えのよさとは別に、それを作る職人と直接やりとりをするなかで、温かい触れ合いが生まれるのがうれしい余禄です。

日本は、特に京都はこうしたオーダーメイドの天国のようです。革製品、櫛、竹簾《たけすだれ》（京都の簾は優れもので、仕上がった簾の羽板《はいた》は細く、超軽量）、グラスファイバー製の収納容器、布団などなど。

出来合いのものよりオーダーメイドの価格は若干高めではあります。でも、商品の差やアフターケアを考えれば、なんてお得なのでしょう、と思うこともしばしばです。

ただし、少しばかり忍耐強くならなければなりません。ファストフードのようにすぐには出てきませんから。

オーダーメイドは自分の要求を伝えている分、その責任のようなものを感じるので、仕上がりもいっそうドキドキします。でもこのようにワクワクしながら待つことが楽しみでもあるのです。

そして、ようやく商品が仕上がったときの職人さんの誇らしげなうれしそうな顔、これを拝めるのも贅沢でユニークな瞬間なのです。

磨き抜かれた職人技を次に伝えていく贅沢

シンプルを極めた贅沢について語るなら、漆器がもっともふさわしいでしょう。

漆器は何千年も前からアジアの多くの国で用いられていました。ですが、漆器をよく知らない人にとっては、その品質を見極めるのは難しいことかもしれません。

なかには大量生産されるウレタン塗装のプラスチック製品に近いものから、美術館に展示されるほどの著名な漆職人による芸術品まであり、幅広いせいもあります。

しかし、値段はと言えば、手作りで最高の国産の漆を用いたとしても、工場生産されている高級ブランド食器の価格と大差ありません（国産の場合、1本の木から年間たったの1キログラムの漆しか採取できないにもかかわらず)。
漆器はめったに割れることがなく、使い込むほどに艶が出てきます。また、熱いものを入れても手で持てますし、それでいて冷めにくいのです。テーブルに配膳するときに無用な音も立てません。しかも、黒の漆器に盛られた白米の美しさは格別です。漆器は汚れもつきにくく、軽くて簡単に手洗いできます。

私にとって、漆器はシンプルかつ希少な贅沢品の象徴なのです。日本では漆器を儀式やお正月に使うものとし、戸棚に仕舞いこんでいる人が多いようです。子どもたちの学校給食では、プラスチック製の食器がまだまだ主流です。これはまるで、子どもたちをわざわざ美しいものから遠ざけているかのようです。

漆器を作る素晴らしい職人たちは、自らの創作品を正しく評価できない次世代の若者たちと、どのように向き合っていけばいいのでしょう。彼らの手作業の技術を、器に込める彼らの心を、どのように次世代に伝達していけばよいのでしょう。

贅沢とは、磨き抜かれた素晴らしい技術を次世代に引き継いでいくこと、ではないでしょうか。

ただのがらくたが貴重品に生まれ変わるわけ

権力者に広まった茶道では、その道具がどんどん高価なものになっていきました。でも、実のところ、高価な道具が茶の御点前《おてまえ》を美しく見せているのではありません。客のひとりひとりに払われた敬意が茶を引き立てているのです。

ある日、ひとりの茶の師匠が茶を点《た》てながら客人に尋ねました。「この茶碗がどこからの到来物かわかりますか」と。

当然その問いには誰も答えることができません。すると師匠の答えは、「パリのがらくた市」というものでした。その茶碗の値段はなんと100円。水指《みずさし》もイタリアのがらくた市で安く購入したものでした。

ものに価値を与えるためには、そのものに敬意を表しながら使えばいいのです。さらに、主人と客人がおたがいに尊敬しあえる関係であれば、がらくたさえもひとつの貴重な道具と化すのでしょう。これこそが禅のもっとも貴重な教えなのです。

8

上質を見極める楽しみ

驚きは、ときにはもっともシンプルなものに潜んでいるのです。
ひょっとすると新しい贅沢は、シンプリシティかもしれない。

――アラン・デュカス、モナコ国籍のフランス料理シェフ、
「創造の百科全書」（カナダのテレビ番組）より

贅沢を愛する人たちの衣食住、またはさまざまなサービスに関する基準は、つねに「品質」です。これはシンプルを愛する人たちの基準とも共通しています。では品質は何を基準に考えたらよいでしょう。高級ブランド製品はほかの安価なブランド品よりもつねに高品質でしょうか。私たちはつねに客観的でしょうか。私たちの選択に見栄や気取りはありませんか。

私たちは品質を確かめるときに、よく疑問や躊躇、ジレンマに心を奪われてしまいがちです。そんなとき、良識と判断力、それに信頼できる情報源があれば大丈夫でしょう。

8 上質を見極める楽しみ

本章でくわしく述べますが、品質とは、それに出会うまでに紆余曲折があるにせよ、私たちがシンプルな暮らしに到達するためのもっとも確実な道なのです。

上質のベッドマットレスで寝てみれば、あなたの背中がお礼を述べてくるかもしれませんよ。

あなたのお気に入りのハンドバッグの四隅がすり切れてきたら、たとえそれが高額なバッグであっても、あなたはそのバッグの品質がよくないことに、ようやく気づくでしょう。

パイレックス食器への見方が変わった日

フランスの有名なアーチスト、マルセル・デュシャンは、「美は観察する者のまなざしの中に宿る」と述べています。

今から十数年前、ロンドンのデザイン・ミュージアムで開催されていたパイレックス製品の展覧会を訪れてから、私のこの耐熱ガラス製品に対する評価が変わりました。一見、日用雑貨のイメージが強いパイレックス製品を、美しいと思うようになったのです。

そのシンプルなデザインがどのキッチンにも、また北欧スタイルの食器にも、クラシックな食器にもマッチして美しいのです。

さらにパイレックスのコップは積み重ねられるので人間工学的でもあります（人間工学とは、人間の自然な動きや状態に完璧にマッチするように、ものや環境を設計し、実際のデザインに活かす学問のこと)。

ガスコンロに置かれた透明の耐熱ガラスの鍋の中で、レンズ豆がくるくると踊っているのを眺めていると幸せな気分になります。この耐熱ガラスの耐久性、安定性もまるで昔からの古い友人のようです。

パイレックスのような商品こそ、低価格でありながらも品質を保証する優れた商品のよい例だと思います。

私たちの中にある騙されたい心理に注意する

漂白剤(フランスでは昔から馴染み深い製品で「オー・ド・ジャヴェル〈ジャヴェル水〉」と呼ぶ)、クレンザー、亀の子たわしといった定番商品がなかったら、私たちはどうなることやら。値段も安くかたちも昔のままのこれらの商品は、長い年月愛用されてきたことがその信頼性を物語っています。

以前、道で出会った92歳の女性がとても綺麗な肌をしていたので、その秘訣を尋ねてみたところ、昔からバーユ（馬油）を愛用していると教えてくれました。私自身、バーユの愛用者だったので意気投合したものです。

このように決して高額でもなく、それでいて素晴らしい商品が身近で購入できるのは本当に幸せなことだと思います。

それなのに、具体的に何も証明してくれない高額化粧品に、なぜ私たちは大枚をはたいてしまうのでしょう。

アンチエイジングを可能にする奇跡のクリームが存在したとしたら、それは一目瞭然、すぐにわかるはずです。ではどうして多くの女性たちが、実際には昔からあるビタミンA、CとEを含有しただけのアンチエイジングクリームをこぞって買おうとするのでしょうか。

最近わかってきたことですが、若さを保つためになすべきことは非常にシンプル。過度の日光を浴びない、禁煙する、適度のアルコール、過食を避け、規則正しく軽い運動をすることだそうです。

ただしアンチエイジングのクリームを塗るほうが、何かを我慢したり、努力するよりも簡単ですし、何より高いお金を払っている分効くような気もして、安心感があります。そして、本当の効果を決して約束していない宣伝文句を信じるほうが楽なのです（へたに不可能なことを約束してしまうと、製造会社は薬事法違反で訴えられてしまいます）。

広告では、年齢の「見えないサイン」を治療します。または年齢との「戦い」を力強く「サポート」します。というように、聞こえのよい文言を並べ立てながらも、嘘はついていません。

本当の嘘つきは私たちです。クリームひとつで若返るなど内心では無理と知りながらも、自らを偽ってあたかもそのクリームが効果的であるかのごとく使い、自分を納得させようとしているからです。

インターネット上では、消費者のレビューが日増しに増えてきています。ただし問題は、これらの個人のレビュアーたちは自由に何でも思っていることを述べる点です。それがプロによる主観的な意見をも狂わせてしまう原因にもなっています。今では週刊誌や新聞も、明らかにこうした無償の情報を利用しています。

したがって、私たちは偏ったアマチュア論の時代に突入したのです。信頼できる情報を入手するのも、年々難しくなってきているように感じています。

ブランドに頼らず高品質なものを見分けるコツ

新しい時計を開発するために必要な年数は、ロレックスの場合は5年で、費用は数百万ユーロかかるそうです。

「品質」は高級ブランド品の専売特許ではないものの、その多くが質の高いものであることはどなたも認めるところでしょう。というのも、極められた製品にはつねに要求度の高い客がついていて、そういう客は要求に見合う製品であればお金を出し惜しみしないからです。

このように高級ブランドのマーケットは発展してきているので、時とともにより高度な製造過程、質のよい材料での製品作りができるのです。そのため結果的に最高品質の製品にたどりつけるというわけです。

とはいえ、よい製品が必ずしも高い知名度を誇り、高額な商品であるとはかぎりません。似たような商品をふたつ比較した場合、高級ブランド品の質のほうが勝っているとはかぎらないということです。

品質を見定めるためには、テクニックとちょっとしたコツがいります。それを支えるのは、知識と時間、お金、忍耐力と良識です。

すべてを知り尽くすことは不可能ですが、月並みではない最高の品質を求め、自分に正直に日々研鑽を積んでいくことで、それがたとえアスパラガスの味の違い、あるいは綿糸の繊維の長短であったとしても、ものの品質の良し悪しがわかるようになってきます。

それではこの後、いくつかのコツをお教えしましょう。

「これだけでいい」と思えるものしかいらない

人生はふたとおりあるべきだ。
ひとつ目は学ぶために、ふたつ目は生きるために。

——アレクサンドル・ロマネス＝ブーグリオーヌ、
シルク・ロマネス団長・作家・詩人、『さすらいの民族』より

毎朝の私のささやかな贅沢は、柘植《つげ》の櫛で髪の毛をとかすことです。私は何年も前から東京にある柘植櫛の専門店のものを愛用していて、プレゼントにも、この店のものを贈っています。

特注したわけではないのですが、この店で私の髪質を見てすすめられたのが、意外にも櫛の歯と歯の間隔が開いたものでした（私の髪の毛は細いので、今までは必ず目の細かい櫛を求めていました）。櫛の歯先が頭皮をマッサージし、血行をよくするこ

とで血管内の毒素の排出を促すこともこの店で教えてもらいました。

柘植の櫛で髪をとかすと次第に髪の毛はうるおいを取り戻し、艶が出てきます。切れ毛やダメージも減ってきました。そして時とともに櫛は頭の形状に馴染み、櫛の色も琥珀《こはく》色に変化していきます。

私の櫛は今日ではまるで私の体の一部のようで、今後も私の人生に忠実な友としてつきあってもらいたいと思っています。

もし贅沢とシンプルが相ともなうもの、言い換えれば「これだけでいい」というものであるならば、私のこの櫛はそのよい例となるでしょう。


価格は、正直なところ普通のものと比べれば安くありません。それでもその櫛が日々私にもたらしてくれる喜びを考えれば、値打ちは十分あるのです。

ほかにも今日、作られなくなっている貴重な日用品が数多くあります。耳かきが気持ちよくできる鼈甲《べっこう》の耳かき、髪質などに応じて調整してくれるかんざしなどもなくなる日がくるのでしょうか。その代わり私たちは残念ながら、髪には金属製やプラスチック製のバレッタやゴムを使わざるを得ないのです。

本物の味を求めパリ中を探していた日本の職人

ある日パリで出会った日本人は、地図を片手に、パリ中の通りをくまなく歩き回っていました。彼の目的は、パリでもっとも美味しいソーセージを売る店を見つけること。

なんとその日本人は、フランス黒ブーダンソーセージ（豚の血の腸詰めのこと）職人コンクールで銅メダルを獲得した人だったのです。

彼は、「インターネット情報は本当に美味しい店を提供してくれない、やはり自分の目で見て、足で歩いて探すことが肝心なんですよ」と言い、次の店に向かっていきました。

とりわけ食通の領域で問われる品質は、主にその製品の質と味が決め手となります。プロの目で見極めるソーセージの味、これは必ずしも有名店の製品とはかぎらないことを、私はこの日本の職人から改めて学びました。

最高のものに出会うために必要な失敗もある

最高のものを知り、所有するものは最小限にとどめる。「少なく贅沢に」暮らすためには、その段階にいたるまでの失敗を恐れないで。

人の好みは年齢とともに変化していきますし、必要性もそのときどきで変わります。自分にとって最高のものと信じ、吟味して買ったつもりでも必ず欠点が出てきます。たとえば数年前に買ったバッグに、あなたは飽き飽きしているかもしれません。

でも自己嫌悪に陥る必要はないのです。自分に満足感を与えないものを処分することに、迷う必要はありません。

品質を愛する人たちは、みんなこの同じ道を通ってきているのです。粗悪品を試さずに、どうやって目の前にある製品の品質が最高と言えるでしょう。たとえばブランドロゴはないけれど職人が丹精こめた製品と比較せずに、どうやってブランド品のほうが高級だと言えましょう。

自分の商品に強い愛着がある人から買う

店員には商品について満足に説明ができない人もいれば、ただただ事務的な説明をする人、反対に懇切丁寧に説明をしてくれる人などさまざまです。

私に、「鋳鉄製のフライパンはスチール製やフッ素樹脂加工のフライパンよりもずっと歴史があって、何よりも美味しく調理できるんですよ」と教えてくれたのはひとりの店員さんでした。

鋳鉄製のフライパンの場合、食材の火の通りが早いので、「メイラード反応」というものを起こすそうです。特定の温度で特定の時間、熱することで、食材の表面の糖分とアミノ酸が化学反応を起こすと、それが美味しい旨味を出すのです。食材の表面がきつね色にこんがりと焼け、中はとろけるように柔らかく仕上がります。

フライパンが真っ黒になると油をひく必要もなくなります。食材も焦げつかなくなります。汚れと匂いは、粗塩とキッチンペーパーでこするだけで落ちます。

このフライパンに魅せられてしまった店員は、携帯を取り出すと、自分のフライパンの写真を見せてくれました。「ご覧ください。こんなに真っ黒、こんなに艶光りしています」と。

私はこのフライパンで料理しているときは、いっぱしのプロになった気分になります。そして現在の私の小さな贅沢は、これを買って以来一度も失敗したことのない自慢の「目玉焼き」です。卵の黄身はとろとろで、白身は縁が丸くレース状に広がり、その部分がカリカリとした食感に仕上がるのです。

一生もののリネンや枕はホテル仕様を参考に

私は、今までほうぼう旅してきました。居心地のよさが問われるホテルが選ぶ備品には多少うるさいかもしれません。

どこのホテルでも、客室のリネン（シーツ、バスタオル、ハンドタオルなどなど）

は毎日取り換えるため、当然材質のしっかりした丈夫な綿製品でなければならないでしょう。この最高品質の綿はホテル仕様コットンと呼ばれていて、ホテルのみならず病院などでも用いられています。

生地は厚地、丈夫でなめらかです。洗濯すると元どおりのハリが戻り、ほとんどアイロンの必要もありませんし、何年どころか一生使えるほど長持ちします。

最近普通の店では購入できなくなりましたが、布地専門店ではメーター売りで買うことができます。そのときは超長綿品質のものを選んでください。この品質のみが、先にお話ししたなめらかさと光沢を生地に与えているからです。

よい品質のものは値段も張りますが、その分を何年もかけて「快適さ」で取り返してくれます。

ですから同様に、枕もホテル仕様のものにしました。旅先で夜ぐっすり眠れたときは、必ずそのホテルの枕の品質を確認します。こうして私は、最高の枕メーカーブランドと出会えたのです。

メーカーに電話し、まず枕を褒め、次に泊まったホテルの名前を告げ、最後にそのホテルで使用している枕と同じものを注文しました。それは羽根の枕ですが、ある程度の硬さと柔軟性が見事に調和されているのです。長く使う愛用の品はこうして探しあてる楽しみもあります。

数少ない所持品だからこそ最高の品質を求める

リネン、枕は見つかりました。では布団はといえば、私は部屋を占領するベッドでなく日本風の布団を使っています。

日本の布団のサイズは横幅1メートル、長さ2・1メートルとほぼ決まっています。しかし、身長1メートル55センチくらいの女性が毎日自分の寸法よりも大きく重い布団を敷いたり、片づけたりするのはひと苦労。

京都には、10日間でオーダーメイドの布団を作ってくれる店があります。しかも、その布団はウールや綿の布団ではなく、ラクダの毛でできているのです。この布団は洗濯もできますし、たいへん軽く、夏は涼しく冬暖かいのです。

日用品にお金をかけるのは一見無意味な投資かもしれませんが、よく考えてみれば、ミニマリストとして生きる利点は、必要とするものがかぎられているからこそ、数少ない所持品に最高の品質、快適さ、使いやすさを基準に奮発できることではないでしょうか？

心地よいと体が喜ぶものこそシンプルの基準

人間工学という言葉をパイレックスのところでも使いました。

その製品は、人間の自然な動きや状態に完璧にマッチするように作られます。たとえば、ものを手にし、持ち上げるにしても、戸棚にしまうにしても、それが持ちやすく、収納しやすいものということになります。

私たちはものを使う際に、そのものに私たちを合わせようとしますが、それではまったく逆さま、ものが人間に適応しなくてはならないのです。

ものが重すぎたり、扱いにくかったり、小さすぎたり、または取り扱い方が複雑すぎる場合、そのものを人間工学的とは呼びません。

私たちの体のみが、ものの好みを言えるのです。体にとっては、ブランド名もロゴマークも何の意味もなしません。体が求めるものはただひとつ、「心地よさ」。

「心地よさ」という尺度が贅沢の大きな基準です。私たちの目をシンプルにしてくれるポイントと言ってもいいでしょう。

自分のエネルギーの無駄遣いを省いてくれるもの

よい品と呼べるのは、コンパクトで軽量、扱いやすいもののこと。それを利用する人は恐らく一日中、ひいては生涯、数えきれないほどの小さな「エネルギー」の無駄を省くことができるでしょう。

たとえばハンドバッグ。一日のうちに、鍵やメガネ、電車に乗るときに使うプリペイド型のカード、ティッシュペーパーといったものの出し入れを何度しているでしょうか。

そのバッグのサイズは体に合っていますか？　たとえば小さな子どものいる若い母親と、若いころのようにオシャレを楽しみたいと願う50代前半の女性とでは、バッグの中身もサイズも当然違ってくるでしょう。

バッグのファスナーは片手でも簡単に開きますか？　肩にかけたままずり落ちることはないですか？　重く、使い勝手も悪く、中身が一定の場所に収まらずに底でごろごろしているようなバッグを見過ごしていませんか？

私がエルメスの手帳を愛用している理由

私の長年のお気に入りで、使いやすさがまさに人間工学的と言えるのがエルメスの手帳です。それは軽く、手の平に収まる大きさで、ハンドバッグの中でも場所をとりません。

この手帳の特長は、ペンの差し込み口が手帳の閉じ口になっている点です。ペンが閂《かんぬき》の役目を果たしているので、ペンを差した状態では手帳がパラパラと勝手に開くことがないのです。恐らくこの画期的なアイデアが、この手帳の長年の人気を支えてきたのでしょう（少なくとも近年のタブレット人気が訪れる前までは）。

ただし、難点はあります。リフィルのサイズや種類がかぎられていること。私はこの手帳をさらに使いやすくするために、ちょっとした工夫を施しました。手帳の芯棒を汎用性のあるものに取り換え、市販のオーガナイザー手帳のリフィルでも使えるように改造したのです。

このように完璧なものを求めていく情熱も、「適切なもの」を選ぶ技につながると思います。

職人技に触れると自分まで豊かになれる

つい引き寄せられるように見とれてしまったショーウィンドー、中には価格300万円と表示された花瓶が展示されていました。

この価格の根拠は何でしょう。

花瓶を作った陶芸家は日本の人間国宝。確かに、実に見事な花瓶、楚々とした気品が漂ってきます。

でもそれだけではないのです。陶芸家がこの完成度に到達するまでの想像もつかないような試行錯誤の年月があったはず。この花瓶の価格は、その職人技の蓄積に対する報酬でもあるわけです。

私たちが認めるブランド製品も、職人技に裏打ちされています。デザイナーの力も大きいですが、ブランドを職人技と考えると別のものが見えてきます。

8 上質を見極める楽しみ

エルメスについて考えてみます。この老舗は特別な技能を身につけた熟練の従業員を驚くほど多く雇っているそうです。

エルメスのバッグや手帳、財布といったものは優に2世代は引き継げるほどしっかりした品質を誇ります。ここの製品は時とともに艶が出て磨きがかかり、ますます美しくなっていくからです。

ブランド名が信用のバロメーターになる場合があるでしょう。あるドイツ製圧力鍋は商品の不具合を報告すると即座に対処してくれます（不具合は滅多に起こりませんが）。

こうしたブランド品の分類に入らなくとも、最高の品質を誇る製品があることも事実。特にマイスターと呼ばれる高度な技術を持つ職人らは、たとえ目立たぬ存在でも、製品を購入する客を満足させることだけを目標に日々研鑽を積んでいます。

しかし一方で、残念ながら利益の追求をよしとする今日では、職人たちでさえも、いっぱしのアーチストとして、自分たちの作品に、画家や音楽家、彫刻家のように署名を入れ自己アピールするようになってきています。パン屋でも、彼らは自らを「アルチザンブーランジュ」（手作りパン屋）と名乗っています。

私たちを感動させてくれる、100年経っても変わらない深みのあるしっとりとした輝きを放つ漆の器、このような工芸品を作る名もなき日本の漆職人たちが教えてくれるのは、よいものは作り手が自己アピールしなくても、ものそのものが価値を示してくれる、ということです。

中国・宋の時代の人々が実行していた幸せの法則

中国・宋の時代は、どの時代よりも、ものの重要性を認識していた時代だったように思います。

当時の料理人は、自分が使っていた包丁を弟子にゆずり、その弟子はそれをまた自分の後継者に引き継ぎました。このようにして代々1000年間にわたり、手から手へと継承された包丁があると言われています。

政治指導者たちは「適切なもの」が正しい行為を生み、正しい行為がまっとうな思考をつかさどり、そこから正しい行為ができるようになると考えていました。

たとえば書籍は、政治、歴史、数学、哲学というようにジャンルごとに色分けされ、内容も正確さを第一としました。当然そうした本は、人々の信頼を得、国を運営する基盤となったことでしょう。

文机《ふづくえ》ひとつとってみても、それを使う人に合わせて机の高さが調節されていたそうです。宋時代の人間工学的な思考は、私たちが今日デザインと呼ぶもののパイオニアだったのかもしれません。

彼らにとって、「適切なもの」は「適切な住まい」の選択につながり、それが「適切な生き方」に通じると考えたのです。それは過度なつましさではなく、過剰な贅沢、高価な品々でもなく、ほどほどの「適切」が完璧な人生を送らせてくれるというものです。

9
美への感性が人生を変える

夫《そ》れ　天地は　万物の逆旅《げきりょ》なり　光陰は　百代の過客《かかく》なり
而《しか》して　浮生《ふせい》は夢の若《ごと》し　歓を為すこと幾何《いくばく》ぞ
古人《こじん》　燭《しょく》を乗《と》りて夜遊ぶ　良《まこと》に以有《ゆえあ》るなり

（そもそも、
広大な天地とは、万物を迎え入れる旅館のようなもの。
流れゆく光陰とは、永遠に絶えることなき旅人のようなもの。
そして、定めなき人の生命《いのち》は、夢のごとく、
歓び楽しむ歳月は、どれほどもない。
昔の人々が、灯し火を手にとって夜も遊び楽しんだのは、
まことに、理由《わけ》の有ることなのだ。）

——李白、中国・唐時代の詩人、
『李白詩選』（松浦友久編訳、岩波文庫）「春夜　従弟の桃花園に宴するの序」より

寝入りばな、目に入ってきたのは職人の丹精込めた天井や壁の造作。そして、天日に干したふかふかの布団、パリッと糊のきいたシーツ、小さくて硬い蕎麦殻《そばがら》の枕、かすかな香《こう》の香りが気持ちを和らげてくれます。

絹地に描かれた見事な掛け軸の絵は、遠い山や水辺の景観。キャンドルの明かりの中で揺れる桜の花の白さが見る者を誘い、静けさをもたらしています。

緑茶を淹れる茶碗の内側にも山の景色が描かれていて、茶の緑色が湖の役目を果たしているかのように見えます。

最小限の持ち物でも、このように私たちは想像もできないほどの贅沢の域に達することができるのです。

美のための美を求めていくこと。それは感性を満足させる美であり、シンプルな贅沢のもっとも崇高なかたちであるかもしれません。

悩みにとりつかれた心を解き放つ妙薬

さまざまな悩みや心配ごとも、何か美しいものとの出会いで一瞬にして消えてなくなるときがあります。そういうときは、われを忘れるほどのエクスタシーに満たされます。一種のトランス状態、自分の存在さえも忘れ、時間、空間、場所の観念すべてが消え失せるのです。

たとえば音楽がそうでしょう。音楽に魅せられると、別の次元、別の世界、または自分自身の奥底に引き込まれていきます。その音色は、言葉で表現できないものを感情に直に訴えてくるのです。これこそが、究極のシンプリシティの状態かもしれません。

この感覚を理解できる人は、すでに多くを持たなくとも充足できる贅沢を味わったことのある人でしょう。

宗教建造物に触れ自分をより高めていく

美しいものに接することは、その創作者の洗練された領域に招じられ、その知性や良心に空間や時間を超えて接触することを可能にしてくれます。

宗教建造物では、そのことを手軽に実感することができます。

11世紀のイスラム教の哲学者で医学者、イブン・シーナーは寺院を飾るモザイクの整然とした秩序に感嘆するのは、神を認識することだと言っています。なぜならば、神はすべて美しいものの源だからです。

初期の神学者たちは、書物を通してよりも実際に見て感じることで信仰心を養うほうがよいと説いていています。というのも、私たちはまさしく感性の生き物だからです。霊的な原理も、私たちの知性より感性に訴えたほうがいっそう心に響きます。

僧院の屋根瓦の配列の見事さから、ひいてはそれを作った職人の謙虚な態度に感動する。そのことのほうが、福音書の学習よりも記憶に残るのです。「良心」についても、教会のステンドグラスに描かれた善行のほうがはるかによく伝わってきます。

僧院や教会のような清らかな空間で過ごす時間は、安らぎとともに、「自分をより高めたい」という気持ちを促してくれます。

お月見の場所を直前に変えた谷崎潤一郎

人があるものを熱心に見入るのは、
それが他人の目にはつまらないものであっても、
その人にとっては喜びを与える価値のあるものだということ。
——クロード・ロワ、フランスの詩人・ジャーナリスト・作家

耽美主義者とは、美を最上とする人のこと。日本の文豪、谷崎潤一郎は、それを小説でも私生活でも体現しています。

そんな彼が月見を計画し、場所を石山寺にいったんは決めるものの、そこではなんと月見客のために拡声器を取りつけ、ムーンライトソナタを流すと聞き、直前に取り止めます。

そこで谷崎は、がらくた市に出かけて行き、100円でまだ新品の大きなキャンドルを購入したそうです。推測ですが、食膳に灯し、豆皿につまみを盛り、キャンドルの明かりの下で月見を楽しんだのではないでしょうか。

真の耽美主義者は、大金で美しいものを手に入れようとは考えてはいないはずです。それどころか、貪欲に、とるにたらないものを素晴らしいものに変えてしまうのです。それはたとえば、簡素なワンピースに個性的な結び方のスカーフをあしらうことで、素敵な装いに様変わりさせるのと少し似ています。

私たちは誰もが美を必要としている

アートは私たちが現実の中に見えないものを
自然の中に見つけることを教えてくれる。
芸術的な美の究極の目的は「美的楽しみ」である以上に
「生きるために与える」ことなのだ。

——フランソワ・チェン、フランスに帰化した中国人学者・翻訳家・作家・2002年アカデミー・フランセーズ会員

美を至上とする耽美主義者や芸術家の心を持って生まれなくても、水辺の景色、花が咲き乱れる公園、荘厳な建築など、美しいものを観賞することは誰もが必要としていると思いませんか？

自宅の近くでも仕事先でも、よく探してみると、美しい場所は結構身近にありま

す。あとはその場所を見つけたい、と思うかどうかだけ。

私がロンドンに行ったときの楽しみのひとつが、毎朝、ロンドンのセレブ御用達の店が立ち並ぶメリルボーン（シティ・オブ・ウェストミンスター地区）まで朝食をとりに出かけること。

私は早朝の爽やかな風を感じるのが大好きですし、公園に面した半月状の高層建築は、白壁に真っ黒の扉のコントラストが美しく、長時間見ていても飽きることはありません。

ただ漠然と周囲を眺めているだけなのですが、途中で犬の散歩をしている人とすれ違うと、この人はどんな仕事をしている人？　どこに住んでいるのかしら？　と想像してみるのも私の楽しみのひとつです。

美の鑑賞眼を刺激する本やクラシックホテル

私は思想教育より、むしろ感覚と情緒《じょうしょ》の教育のほうが重要だと思う。

――林語堂、中国の学者・評論家・ジャーナリスト、『人生をいかに生きるか』（講談社学術文庫上巻、阪本勝訳）

小川洋子の『完璧な病室』（中公文庫）を読んでからは、病院の清潔さを、私は別の視点から見られるようになりました。

また、谷崎潤一郎の『陰翳礼讃』（中公文庫）によって、薄暗い室内が醸し出す美しさも見いだせるようになりました。

吉田喜重監督が妻の女優、岡田茉莉子さんと撮った映画は、日常から逃避して、雪が降る中のひっそりとした旅館に、あるいはおだやかな海辺の土地に滞在してみたいという思いを掻き立てます。

展覧会、美術館、または京都の町家のような美しく贅沢な空間、禅寺とその庭、クラシックホテルと呼ばれている奈良ホテルや箱根の富士屋ホテル、修善寺の新井旅館など、一級品を見たり訪れたりすることは、私たちの美の鑑賞眼を刺激し養ってくれるものです。

「ただ美しいものが好き」というだけでいい

人生の秘密は芸術にある。

――オスカー・ワイルド、アイルランド出身の詩人・作家・劇作家、『格言集』より

「人生に説明のつかないものがふたつある、ひとつ目が死。ふたつ目が美の必要」と言ったのも、確かオスカー・ワイルドだったと思います。

日本や韓国のように、美意識を宗教的なレベルに達するほど高めた国民がいるかと

思えば、ゴミだらけの散らかった市街で平気で生活する国民もいます。洗練されたものに囲まれること、美しい景色を眺めることを必要とする人がいる一方で、潜水艦や戦争に大いに興味を抱く人たちがいるのはどうしてでしょう。残念ながら、これぱかりは人が持って生まれた性質の問題によるもので、説明はつかないのです。

和歌山の小さなバーに行ったときのこと。ここのカウンターの奥には黒の漆塗りの板が渡されていて、そこに常連客のグラスが並べられ、丸いライトがそれらのグラスを照らしていました。なかでもひと際目立つ厚手のバカラグラスがありました。そのクリスタルの厚みの中央には、真っ赤なルビーがはめ込まれています。

あまりにも素晴らしいので、「誰のグラスですか?」とバーテンダーに尋ねてみたところ、彼は笑いながら言いました。「このグラスの持ち主はお酒が駄目で、このグラスでオレンジジュースを飲まれます」と。

その人は美しいものが好き、ただそれだけのことだったのです。

持ち物を愛でる人は至福の時間を手にしている

自分の作品に誇りを持つ職人によって作られた逸品を手に入れた場合、その手入れをすることを贅沢と呼べないだろうか。
美しい素材をさらに磨いたり、感じたり、眺めたり、触感を楽しんだりすることは、
シンプルであると同時に、それはボードレールやマティスが愛した静けさ、悦楽、そして贅沢な時間なのだ。

——ホセ・ロペス、スペイン出身でネスレ日本元会長兼社長

暇さえあれば外出もせず自分の持ち物を愛で、その手入れに明け暮れる人がいます。このようなとき、明らかにそのものは、エネルギーと幸せをもたらしてくれているのです。

作家・漫画家兼イラストレーターのゆるりまいは、その著書の中で、自分の持ち物を眺めたり、磨いたり、維持することは結局、盆栽の手入れとさほど変わらない行為だと書いています。

家の中の片づけや掃除をし、完璧に清潔さを保つことが好きな専業主婦は、それがたとえ小さな住まいであっても、ある意味、耽美主義者であるのかもしれません。

嗅覚を磨きたいなら天然の香りを覚えておく

嗅覚とは所有と無関係という点で素晴らしい。
見ず知らずの通りすがりの人がつけている香水の香りにうっとりし、
胸がいっぱいに満たされることもあるのです。

——アメリー・ノートン、ベルギーの作家、『アポスティーユ』より

9　美への感性が人生を変える

本書を執筆中、NHKの連続テレビ小説「マッサン」を見ていて、私たちの鼻の穴は、右で嗅ぐのと左で嗅ぐのとでは、匂いの感じ方が違うということを知りました。

道路工事での流したての熱いコールタールの匂い、もぎたてのトマトのへたの香り、または刷り上がったばかりの新刊書の紙の香りなどは、無限の快感を私に与えてくれます。

お香、ルームフレッシュナーなどは、気づかないうちに私たちの感動やその場の雰囲気に作用しているのです。

航空会社や高級ホテル、ブティックなどは、リピート客を期待して、つねに同じルームフレッシュナーを使うと言われています。

英国のクラブハウスや、秋色の森を連想させるキャディラックの内装に使われる革の匂いのする石鹸、松林の香り、焚火の煙（このような香りを漂わせている男性に、ときめかない女性がいるでしょうか）。

日本ではこのようなルームフレグランスが盛んに用いられています。ほかにも、薄荷《はっか》の香りのするおしぼり、ヒノキ風呂、コショウの木の俎板《まないた》、お香の焚き染められた着物なども日本ならではのもの。

本物の天然の香りを覚えていかなければ、私たちの嗅覚はどんどん退化していきます。ちなみに、かの有名なファッションデザイナー、ジバンシィは最高級の絹地を鼻で嗅ぎ分けるそうです。

もし、若いころに野生のバラの匂いを嗅ぎ、50年経ってもその香りを味わいたいと願うのであれば、決して忘れてはならないことがひとつあります。それは、贅沢が感覚の問題であるということです。

ここでいう「美」とはハーモニー、「調和」のこと。この調和が私たちを取り巻くものすべてと、私たち自身の関係を和解させ修復してくれるのです。

美しいものはそれが与える感動、そして喜びのために求められるべきです。それは高額商品に代えられない多くの喜びを、私たちにもたらしてくれるのです。

10

幸福を呼ぶ時間の使い方

閑適《かんてき》生活を楽しむには、金はいらない、まったくいらない。（中略）
生活を楽しもうと決心した人にとっては、
楽しむべき生活は、四時《しじ》を問わず随所にある。
もしこの地上の生活が楽しめないなら、人生を充分に愛していないゆえであり、
平々凡々たるその日その日の生計に堕することを意に介せぬゆえである。

――林語堂、中国の学者・評論家・ジャーナリスト、
『人生をいかに生きるか』（講談社学術文庫上巻、阪本勝訳）

富、名誉、欲望と一線を引き、人生を醒めた目で見る人こそが、実は人間のもっとも崇高な理想像であることを、文学や哲学などは教えてくれます。
このような人は人生で起こりうる出来事を淡々と受け止め、自由に、放浪を楽しみながら、個性豊かに、悠長に生きていきます。

10 幸福を呼ぶ時間の使い方

何にも囚われない自由と、何もしなくてもいいといった怠惰な感覚、このふたつの感覚のみが、真の生きる喜びを私たちに与えてくれるのです。

怠惰というとついだらだらと怠けることを連想しますが、ただむやみに何もせずに時間を流していくのではありません。

どうしたらくだらない時間ではない、楽しく有意義な時間にできるのかをつねに自分に問いかけ、ときには詩人、ときには耽美主義者、または芸術家になり、喜びや驚きに満ちた断固とした生き方を各自が創造していく、この姿勢が大切になるのです。

中国茶が教えてくれた究極のシンプルな満足

天国への道はティーポットを通っていく。

――イギリスのことわざ

本物の中国茶を味わった人のみ、茶を求め、茶の知識を深め、掻き立てられるような茶への情熱の真意を理解できるのでしょう。

このようなお茶を味わうためには、ある程度の年月と一種独特なこだわりが必要になります。

いちばん美味しいお茶を見つけたい。中国湖南省の洞庭山や台湾、香港の茶の老舗、人里離れた地方の茶畑など、私は最高の茶葉を求めて茶の原産地まで足を運んだことが幾度もあります。

茶を求めての旅というのはあまり一般的ではないかもしれませんが、白磁の小さな茶碗に青みがかった緑色の液体を注ぎ、その香りをひとり、または友と楽しみ味わう至福の時間は何にも代えがたいものです。

お茶を楽しむことは当時の私にとっては信仰に近い、最高の贅沢でした。この情熱は、おだやかなものになったとはいえ、今も変わりません。

この贅沢を追求した果てに見えてきたのが、今の私のシンプル生活。お茶の一服さえあれば満足……、この姿勢がある意味私の究極のシンプル生活を支えてくれているのかもしれません。

自分のリズムで生きるために「約束をしない」

時間は私たちの主たる資本で、実はこれを止めることも、倹約することも、買うこともできないのですが、時間をよりよく管理することは可能です。でもそれを何のためにするのでしょう。もちろん、急がないですむためです。

今、ここに存在する喜びを知っている人にとって、自分のリズムで生きることは最高の贅沢になります。英語のストレスという言葉は、「圧迫される」という意味。それも漬物が漬物石の下で押し潰されるというような意味です。

急がないための秘訣は、簡単です。自分の時間をうまくコントロールし、先を予測し、時間を測り、または状況によってはそれさえも止めてしまうことです。

時計なし、スマートフォンや携帯なしの極上の贅沢を満喫できている人は、私たちの中にどれだけいるでしょうか。


時間に正確であろうとすることは人生を生きがたくし、神経を尖らせる要因にもなります。3週間後の約束を決めることは、価値観の違う国の人にとってはあまりにも先の話になってしまいます（たとえばインド）。

私は最近、「約束をしない」という新たな決意をしました。私がいつ何をする予定なのかを相手に正確に伝えることを止めてみたのです。

来月の私の予定を尋ねられたら、次のようにさらりと答えます。

「まだわかりません。そのときになってみないと」という具合に。
今のところ、この返事で困惑する友人はひとりもいません。

本にひたる時間が生活のテンポを遅くしてくれる

生活のテンポが速くなることに、私たちはあまりに無抵抗すぎます。フランス版『エル』（2014年1月23日発行）に、このような記事が載っていました。

「本とは、明らかに感情的な価値観を持つもの。印刷された本は私たちの文化の土台となり、私たちのよりどころとなります。本は感動、夢、思考を与えてくれるだけでなく、連続するソーシャルネットワークまたは情報の流れにハマり、強迫的にクリックしては雑多な情報を追いかける現代人を癒やす素晴らしい解毒薬にもなるのです」

確かに、読書には生活のテンポをゆるやかにさせる作用があります。テレビや映画、ネットの動画などで素早く感動が得られる現代において、テンポを遅くすることは結構難しいことかもしれません。

しかし、今日の私たちの生活は急ぎ過ぎではないでしょうか。

じっくり読書をすることは、自分に立ち返ることを、また、人生に彩《いろど》りを添えることをも可能にしてくれるのです。

蒸留される時間があれば人生はもっと美しい

何も考えない、何も予測しない、これはなんと気楽なことか。

――ダニエル・オートゥイユ、アルジェリア出身のフランスの俳優、映画『冬の前に』についてのインタビューにて

芝生の中で見つけた紫色の小さな花、夕方の空に帯状に流れるブルーグレイの雲にぽかりと浮かぶ桃色の雲、アイリスの花の香り、まるで初めて見るような窓越しの空

の色、遠くに飛ぶツバメと一緒に飛んでみたいという願い、朝日の光で頬を温める――などなど。時間を蒸留させるには何千もの方法があります。

文化は、私たちに、より洗練された感覚を与えてくれ、意識を高く持つ道しるべとなり、人生を喜びとともに生きることを教えてくれます。

でも意識が芽生える前の幼い年齢では、私たちは自分の喜びを味わったり、評価したりできません。そのためにはそれを意識する必要があるからです。

禅を学んでみる、美術のアトリエあるいは作文教室に通う、というような経験は徐々に私たちの血肉となり、人生の方向づけのあと押しをしてくれます。初めは実益にはつながらないように見えますが、実はたいへん貴重な時間となるのです。

フランス人の友人の別荘に招かれたときのこと。私が見事に苔むした庭に感嘆していると、「すぐに掃除するから、ごめんなさいね」とその別荘の主が思いがけず詫びたのです。苔むした庭はその人に掃除を思い出させるだけだったのでしょう。

ワーズワースの詩を読むまでは、私にとって水仙の花はただの美しい花にすぎませんでした。苔むした庭も同じで、谷崎潤一郎の本や芭蕉の俳句を読むまでは無関心でいられたのかもしれません。

でも、日本の古い家屋の味わい深さを知る人は、まったく別の視点からものごとを見るようになるのです。

このように、私たちの好みやセンスが発達していけばいくほど、美的革命を引き起こした人たちのことを高く評価し、共感できるようになります。

まさに本や詩、絵画などが私たちに真の感情を意識させ、呼び覚ますのです。

オスカー・ワイルドはこの心の変化を次のようにも言っています。

「ホイッスラーがテムズ川を描き出すまで、ロンドンの霧は存在しなかった」と。

中国の賢人による怠け方のリスト

それぞれの贅沢があればいいのだ。私の場合、それは怠けること。

――パスカル・ガルニエ、フランスの作家、『安息休暇の年』よりどのようなときにあなたは楽しく、真に満たされた気分を味わっていますか。

それを一度リストにしてみるとよいでしょう。その時間は、あなたにとって「役に立たない無駄な時間」だったでしょうか。

このように書き出してみることで、一般的な贅沢のイメージと本当の贅沢との違いが明確になってきます。

夢を見たり、水辺を散歩したり、雲を眺めたり、その雲の行方を観察したり、ベッドの中でぐずぐずしたり、という具合に生産的なことは何もしないで一日を過ごすというのもありでしょう。

昔の中国の賢人はこの何もしないという「活動」を、ひとつの儀式にまで仕立て上げていたと言われています。通常の生活にはまったく必要のないように見えるこれらの行為が、実は想像力や自由な思考への扉を開いてくれるからです。

中国の学者、林語堂があげた次のリストをご覧ください（著者の要訳による）。

●雨が降るのを眺め、その音を聴く。

●夏場、涼を得るために冬の詩を読む。
●バラの苗木の手入れをする。
●猫と遊ぶ。
●めまいがするほど藤の花の香りを嗅ぐ。
●行先を決めずに自転車で知らない小道を走る。
●マニアックなほどこだわって、念入りに茶を淹れる。
●複数の本を順序不同で、交互に、うわの空で読んでみる。
●旅行の一部始終を夢見て過ごす。
●真冬にストーブに張りついて、ジーッと虚空を見つめる。
●友人と碁を打つ。
●今年の野生の梅の実の出来具合を見に出かける。
●蜘蛛の巣（これをアートととるかどうかはあなた次第）を写真に撮る。
●のらりくらりと本箱の整理をする。

ベッドの中で過ごす自由な時間が感性を磨く

中国人式の考え方からすれば、
閑適を愛する賢者が教養のもっとも高い人ということになる。（中略）
されば最高の賢者は、
もっともおくゆかしい優遊《ゆうゆう》の生活を楽しむ人のことである。（中略）
部屋が気持よくなるのは、この何も置かない空間があるからである。
それと同じく、われわれがどうやらこの一生を生きていけるのも、
生活に閑暇《かんか》あってこそなのである。

——林語堂、中国の学者・評論家・ジャーナリスト、
『人生をいかに生きるか』（講談社学術文庫上巻、阪本勝訳）

ベッドの中で自由な時間を過ごすことは、人生の最大の楽しみのひとつかもしれま

せん。

中国の賢者も同じことをしていたようです。ベッドは黙想、または自分を見つめ直すには最適な場所です。このような時間の過ごし方の効用を知っている人が意外と少ないのには驚かされます。

ベッドでは感性が鋭くなり、筋肉はリラックスしています。血液の循環もゆったりと規則的になります。そういう状態のときに集中力が高まるのです。

いい音楽もベッドに横たわって聴くのが最高です。「何もしないことの真の味わい」は魂に秘められた「豊かさ」からくるのです。

なりゆきに任せてみると本来の自分がわかる

ロマの休憩所である焚火を囲み、そのロマは午後いっぱい何もせずにいた。

何もしないとは、忙しさを主張する人よりもより多くのことをしている。

10 幸福を呼ぶ時間の使い方

なぜならば、それは思考、瞑想、心に空間を作るため、
思考の放浪、メンタル的なものの彷徨に費やされる時間だからだ。

――ミシェル・オンフレ、フランスの哲学者、『コスモス』より

怠惰、何も決めないこと、そしてなりゆきに任せること、これはすべての人に公平に与えられている贅沢です。もっともこれも、生きていくうえでの最低限の安心が保障されていればの話ですが。

ことのなりゆきにケセラセラと身を任せてみる。これをポジティブに解釈すると、心が幸せを感じるために特別な努力をせず、何にも囚われずに自由でいること。それは「この生き方こそがまさに自分に合った生き方だ」と気づくことです。そうです。これが理解できるとスッと気持ちが軽くなります。

さらに、無理に努力したり、打算的になったり、格好つけたりすることを止めて、あなた本来の自分でいてください。これでまたずっと気が楽になります。

罪悪感を覚えながら仕事を休まない

勤労の道徳は奴隷の道徳であるが、近代世界は、奴隷を必要としない。（中略）私たちは生産をあまりに重んじすぎるし、消費をあまりに軽んじすぎる。その結果の一つとして、享楽や純粋な幸福には、あまり注意を払わなすぎるようになるし、また生産を、消費者が生産より受ける快楽によって批判しなくなる。

——バートランド・ラッセル、イギリスの哲学者・論理学者、『怠惰への讃歌』（堀秀彦・柿村峻共訳、平凡社ライブラリー）

バートランド・ラッセルの著書、『怠惰への讃歌』を読み、仕事について考えさせられました。

この本の著者によれば、私たちは仕事のしすぎであり、現代におけるさまざまな社会的な問題の多くが、労働を「徳」とみなす考え方によると言うのです。

10　幸福を呼ぶ時間の使い方

産業革命以後の技術革新このかた、先進諸国での労働生産性は伸び、私たちの生活水準は向上し、所得も増えてきました。それにともなって労働時間も確実に減少しているにもかかわらず、労働を「徳」とみなす考え方は変わっていません。

現代人は、何ごとも必ず何か定まった目的のためになすべきで、何かに役立つものでなければならないと考える、と著者は述べています。つまり、暇でいること自体が悪いことであるかのように私たちは刷り込まれているのです。

そうではなく、働く時間は四時間に短縮すべきで、教育にもっと時間をかけ、各々が自分のやりたいことを見つけてそれを磨き、自分の余暇を賢く過ごせるように仕向けるべきだとラッセルは言います。

今の世の中は、本当は万人にゆとりと安心の生活が保障されるようになっているはずなのに、わざわざ私たちは、ある人々には過労、そのほかの人々には飢餓を与える道をとっている。そういう意味で私たちは愚かだったわけですが、永久にずっと愚かである道理はないとラッセルは締めくくっています。

確かに、先進国の中でも突出して日本人は休まない国民です。事実、私の周りでも罪悪感を覚えながら休む人が少なくありません。働くのはよいことですけれど、本来の人間らしさを開花できるのは、何にも縛られない余暇の時間があればこそです。

かつては支配階級や特権階級のみが享受できた余暇も、経済発展のおかげで、今では万人に与えられた権利で、これは豊かな生活には欠かせないものです。

気がついてみれば、大都市に住む人たちのレジャーの過ごし方の多くが、映画鑑賞、サッカー観戦、家に引きこもってテレビゲームをするなど、受け身の楽しみ方になっています。これは、私たちのエネルギーのほとんどが仕事に費やされてしまっているせいです。

余暇の時間が増えれば、若いころ夢中になっていた趣味などに再度チャレンジすることもできるでしょうし、今のように疲労困憊《こんぱい》していなければ、受け身的なレジャーに流されることも少なくなるはずです。

さらに、日々の生活が満ち足りたものであれば、私たちは自然と周囲にも心配りができるようになります。そうなれば戦争への道も閉ざされるのではないでしょうか。

「友愛の心」とは、苦しい奮闘の生活からは生まれません。ゆとりと安心から自ずと出てくるものなのです。

11

旅は情熱を養う

束縛は私を私自身から遠ざける。

――エマニュエル、フランスの舞台俳優

真の贅沢とは、ほかのどこに行っても見つけられないものを見つけるために旅に出ることかもしれません。

それはもしかすると英国のバラの古株やインドのスパイスだったり、日本の秘湯めぐり、南の海の島々をめぐる旅、世界中に残されているフランク・ロイド・ライトの建築をひとつひとつ訪れてみるといったもの……。

要するに、私たちは各々の情熱を養うために旅に出るのです。

思い立ったらすぐ旅立つと心が前向きになれる

「軽快さ」は人生を歩んでいくうえでの最良の友。
さまざまなチャンスをつかむためにも、容易に移動するためにも、
私たちは、不必要な荷物を捨てることを学ばなくてはならないのです。

——フランソワーズ・レヴェイエ、フランスの作家、
『身軽に旅行するための小さなメモ』より

思い立ったらすぐに、翌日にでも荷物をまとめて10日間程度、どこかに旅立つことは誰にでもできることです。もっとも、ペットや依存心の強いパートナー、介護の必要な人などがいる場合は別ですが。

このように思い立ったときに旅立つことは、自由を満喫する最高の手段なのです。

何も予定していないので、行く先々で思いがけないさまざまなうれしいハプニングが

舞い込んできたりもするからです。

こうした旅をしてみると、先の見えない不確実なことも、転々と居場所を変える生き方でさえ、プラスの価値観としてとらえられるようになります。

旅イコール人生への欲望をもっと持つ

旅にあなたを破壊する権利を与えなければ、
あなたは旅から何ひとつ教えてもらえないだろう。
――ニコラ・ブーヴィエ、スイスの作家・ジャーナリスト

家族の趣味を受け継ぎ、やがてその虜《とりこ》になったのは、私の友人クリストファー。彼は野生蘭探求の旅に出ました（クリストファーの父親が蘭好きで、温室には一年中花が咲き乱れていました）。

11　旅は情熱を養う

このような旅は旅そのものに意味を見いだすだけでなく、人生の意義にもなるものです。

最近、世界中のファストフード店めぐりをするという旅行計画を立てた人の話を聞きましたが、「世界の朝食」を旅の目的にするというのも面白いテーマかもしれません。

イギリスのニューフォレストやコルトのコッテージで食べる伝統的英国風ブレックファスト、フェリーボートのけたたましいサイレンの音の中ですする香港の米粥、ノルウェイのスキー場の朝、冷えた猪のロースト肉にサクランボのジャムを添えた朝食、ベトナムの市場で飲む火傷しそうなほどの熱いスープ、パリのカフェ「レ・ドゥ・マゴ」のバターを塗っただけのバゲット、マンハッタンのベーグルとオレンジジュース、ヴェネツィアのサン・マルコ広場で飲むエスプレッソ……、このテーマは、旅の感想を書きとめるにしても興味深いものではないでしょうか。

人生に何か目的を持ち、これをしてみたい！　という欲望をもっと大切にしましょう。生きることをこよなく愛し、発見する楽しみこそが贅沢なのですから。

さあ、旅に出かけてみましょう。

目的が多少風変わりで突拍子のないものでも、面白いではありませんか！

本物の贅沢とは、身に着けるもののブランドでも、乗っている車のメーカーでもないのです。まさしくシンプルプランです。贅沢とは私たちがどのように自分の人生を生きるか。その生き方を決める自由だと思うのです。

人生を楽しむ技を心得ているイギリスの老夫婦

本当に幸せになるためには、
私たちを夢中にさせる何ものかを見つけるだけでいいのです。
——チャールズ・キングズリー、英国国教会牧師・作家

オーヴェルニュ地方の古いゴシック建築の教会を、両親と訪れていたときのことで

す。1台の車が私たちの車を追い越していきました。

私は運転していた父に思わず、「あの車を追いかけて!」と叫んでしまいました。それは私が大好きな小さな真紅のオープンカーで、乗っていたのがとてもオシャレな老夫婦だったからです。

夫人はスカーフを頭に巻き、夫はハンチング帽を被り、パイロット用サングラスをかけ、車の後部座席には小さなトランクとキャンプ用のテントが積まれていました。

結局、彼らも同じ教会を見物に来たらしく、教会に着いた私たちは老夫婦の車のすぐ隣に駐車することになりました。

この老夫婦は定年退職後、フランスのご当地ワインとチーズを堪能する目的で、毎年1ヵ月間、イギリスからフランスの地方都市に滞在しに来ているのでした。素敵な計画だと思いませんか。

本当のお金持ちはエコノミークラスで旅行する

新聞で読んだ話ですが、本当のお金持ちは、移動手段としてはエコノミークラスで旅行することを好み、ときどき友人たちに最高級のワインを振る舞うとありました。

確かに12時間ほどの飛行で、エコノミークラスだろうとファーストクラスだろうと、お金持ちは大して気にはしないでしょう。

ところが、ぶどうの収穫年度が刻まれた高級ワインを振る舞うとなれば、確実に彼の友人たちにとっては、忘れがたい思い出として残るはずです。

旅慣れたトモさんの身軽すぎる技

旅慣れた人というのはたいていの場合、空港の出発ロビーで、本を片手に静かに搭乗アナウンスを待ちます。荷物はというと、手荷物ひとつだけを携帯しています。あわてることも重い荷物で汗をかくこともありません。

私の友人トモさんは、1年間のフランス滞在にリュックサックひとつで乗り込んできました。トモさんは、こまごまとしたものを入れる仕分け用の袋さえも重くなるのでできるだけ使わないようにしているそうです(とはいえ、食品を冷凍する際に使うフリーザーバッグは小物入れとして重宝です。袋自体が透明で、重さはわずか数グラム)。

いずれにしても、身軽な荷物で旅することはさほど難しいことではありません。秘訣は、決して「万が一」のためのものを入れないことです。今では世界中どこへ行っても、足りないものはほとんど現地調達できてしまうからです。

日常の隙間時間を使ってバケーションを楽しむ

ルーチンが少なければ、その分活気が増す。

――エイモス・ブロンソン・オルコット、アメリカの哲学者・教育者

空の旅の場合、ジェット機が離陸する瞬間に味わう解放感は格別です。「これからしばらくのあいだ仕事の心配をしないですむ！」と大きな深呼吸をし、肩の力を抜き、満たされた気持ちになります。

どうして私たちは休暇のときは解き放たれた気分になり、それ以外のときには日常の些細なことに悩み、振り回されて過ごしてしまうのでしょうか。

仕事、家族、会合、スポーツクラブ、友人と過ごす時間、家事、予定外の用事、〝緊急〟と書かれたメールへの返信、夕食の買い物、電話、記入しなければならない資料など数えきれないほどの日常の営み……、余暇でさえルーチン化した中にからめ

とられる気分です。人生はなんと面倒なのでしょう。

いったい次のバカンスまでどのくらいありますか。

私たちは、仕事が終わるのを待つ、恋人と次に会う日を待つ、レジの行列で待つ、子どもが学校から帰るのを待つというように、人生の大半を「待つこと」に費やしています。

この待ち時間、上手に使えば素晴らしいギフトタイムを私たちにもたらしてくれることに気づきました。

スーパーマーケットでのレジ待ち、あるいは高速道路の渋滞にぶつかったときなどは、「今」という時に没頭できる絶好の機会になります。

そのようなときこそイライラせずに、楽しいことに思いをめぐらせて、短い空想のバカンスを楽しむ時間に変えてみてください。

「考えること」を止められない人への処方箋

誰でも休暇中は「楽しまなくては」と思うのではないでしょうか。バカンスなのだから、と休暇を十二分に満喫してハッピーになりたいという意識が高まっているはずです。

休暇中の私たちは、自分にこの「ハッピーになりたい」という思いを「正当化」しているのです。これを日常にもあてはめてはいかがでしょう。バカンスのときのようにやってみるのです。

ルーチンを避け、自然と触れ合う機会を求めてみましょう。調理もちょっとしたアイデアや遊び心で、マンネリ化しやすい普段の食事にバリエーションを加えてみます。ご馳走でなくても盛りつけ方法を工夫する、器を替えてみる、それだけでも小さなサプライズになります。週末の天気のよい日はサンドイッチを持って近くの公園でピクニックというのも楽しいですね。

そしてほっと落ち着ける時間を確保しましょう。物質的な悩みごとを遠ざけて、何よりも考えすぎないことです。

この「考える」こと自体、今日の私たちの生活では一種の強迫観念になってきてはいないでしょうか。考えていないと自己嫌悪に陥る人、そういう人も結構見かけます。

案外そういう人は「考えること」を止める方法を知らないのです。そして定期的に頭を空っぽにすることが、ストレスを解消するもっとも効率的でお金のかからない方法だということも。

金銭や社会的ステータスでは得られない旅の魅力

金銭や権力、社会的ステータスは確かに大きな魅力です。でもどうでしょう。最終的に私たちを心から感動させてくれるでしょうか。

私たちは自然の美しさに心を打たれ、それに溶け込むことで初めて生きている感動を味わえるのです。自然の力のみが私たちのメンタルを疲弊させる狂ったような競争のスピードを減速させ、感性に優先権を与えることができるのです。

見る、観察する、感じる、嗅ぐ。自然には私たちの興奮した精神を鎮める驚くべきパワーがあるのです。

12

人との優しい距離

あんたが、あんたのバラの花を
とてもたいせつに思ってるのはね、
そのバラの花のために、ひまつぶししたからだよ。

——サン＝テグジュペリ
『愛蔵版　星の王子さま』（内藤濯訳、岩波書店）

人生の悩みの最たるものは、仕事でも、お金でも、疲労でもありません。人間関係なのです。

引きこもりの生活をしていないかぎり、私たちは朝から晩までさまざまな人間とのかかわりの中で過ごしています。人生のもっとも大きな贅沢は、この人間関係をシンプルにとらえ、より調和のとれた穏やかなものにすることではないでしょうか。

人間関係のもつれは、ほとんどの場合、相手だけでなく自分にも原因があることに

12 人との優しい距離

私たちは気づけていません。さらに、その苦しみを以前にもくり返していたことも忘れています。

人は人、自分は自分と考える、感情をコントロールする、相手に見返りを求めないなど、ありきたりな処方箋ですが、実行するとなると意外と難しいものです。

これらができるようになると、私たちが何よりも願っているストレスフリーという贅沢な次元に到達できるのです。

シンプルな関係を保つために相手と一線を引く

与えて、与えて、与え続ける。
人助けをするとき、私たちは何も計算せずに与えてしまいます。
しかし、自分を取り戻す必要もあるのです。
そうしないと空の貝殻のようになってしまいます。
与えるためには受け取ることも必要なのです。

——ヴィッキ・マッケンジー、イギリスの作家・ジャーナリスト、
『雪の中の隠遁者』より

マッケンジーが「与えるためには受け取ることも必要なのです」と述べていることは、周囲との関係を円滑に保つ大切な秘訣です。と同時に、相手と自分のほどよい距離感を見いだすことが重要です。

そのためには自分について洗いざらい語らないこと、相手に対する意見も控えめにすることで相手とのあいだに一線を引くとよいでしょう。

このようにすると人間関係はよりシンプルに、感触のよいものになっていきます。

どのような友人を持つのが贅沢か

私の幸福の法式。一つの然り、一つの否、一つの直線、一つの目標……

――ニーチェ、ドイツの哲学者、『偶像の薄明』(秋山英夫訳、角川文庫)

「私たちが話を聞くのを止めるときは、愛するのも止めるときだ」と言ったのは、カナダの作家、ミシェル・ブートーです。

一般的に人は話し好きです。ですから、相手に話したいだけ話をしてもらい、横槍を入れずに話を聞いてあげる、というのが本当の友人がとるべき態度です。

もし、あなたの交友関係の中にあなたの話を聞いてくれない人がいるならば、その人は友人ではありません。それではまともな対話が成立しないからです。

本当の友人とは、人の話を聞き、さらにその人からの「フィードバック」として、投げた玉を返してくれる人です。このような友人が周囲にいれば、これも贅沢なことではないでしょうか。

友人とは、必ずしも同じ考え方、同じ価値観の持ち主ではないかもしれません。でも知性や情緒、または心理的な面において、何かあなたにないものをもたらしてくれる人です。

割合多く見られるのが、仕事に有利な交友関係だったり、悩みのはけ口としての相手、退屈な日々から逃れるための遊び友達だったりします。

まずはシンプルに考えれば、自分の置かれた状況に満足し、さらに自分に人間的な豊かさを与えてくれる友人を数人持つこと。これこそが贅沢なことだと思うのです。

お人好しのあなたに教える「断り方」

私の最高の贅沢とは、
どんな人の前でも自分を正当化せずにすむことです。

——カール・ラガーフェルド、ドイツ出身のファッションデザイナー、
『カール・ラガーフェルドから見た世界』より

シャネルの後継者のひとりであったデザイナー、カール・ラガーフェルドの言うように、人間関係において、言いわけしないでさらに相手にノーと言えることが最大の贅沢だとしたらどうでしょうか。

緊急の問い合わせにもノー、理路整然と譲歩を求めてきてもノー、社会的な決まりごとに対してもノー、ある種の制約にもノー。

反対に、小さく頷いてしまった「イエス」がどれだけストレスになるでしょう。そ

れが大きな問題に発展してしまうことだってあり得るのです。

あなたが断り下手の場合は、上手に、それも優雅に断れるためのリストを作成してみました。

●考えておきます。
●ありがとう。いずれにしても私に依頼してくれたことに感謝します。
●できるだけ早くお返事します。

このような返答リストをメモにして、固定電話のそばに貼っておいたり手帳にはさんでおいてもいいかもしれません。

でも何よりも、ノーと言う練習をしてみることです。このような返事のしかたのコツは、「即答しない」ことです。

よく覚えておいていただきたいのは、相手があなたに用事を依頼する権利があるのと同様に、あなたにも「断る権利がある」ということ。そして断るということ、つまり、具体的に自分に対して敬意を表するのも非常に気分のよいものです。

あなたは、あなたにノーと言った人を許せませんか？　そのようなことは滅多にないのではないでしょうか。

とにかく、自分がノーと言った相手のことを考えるのではなく、自分のことを考えましょう。

自分に上限を定めるのです。それが定まれば、そこからものごとはすべて変化していきます。あなたは変わりませんが、あなたを取り巻く人たちは態度を改めてくるでしょう。

その人たちは、あなたに今までのように安易に頼みごとができないことを理解するからです。彼らの好きなように、あなたの貴重な時間を犠牲にさせるようなことはなくなります。そしてお人好しのあなたを、これ以上都合よく使うようなこともできなくなるでしょう。

ひとりきりだから味わえる幸福感もある

彼はパンの上に置かれた焼いた肉を切り取ると、静かに食べ始めた。
言葉はいらない。人生はそれを語らずとも生きていけるのだ。
語ることは、時として人生を生きていないことになる。
多く語ることは、時として小さく生きることになる。

——ミシェル・オンフレ、フランスの哲学者、『コスモス』より

食事は大勢で食べたほうが楽しいという人が大半かとは思いますが、なかには美味しいレストランでひとり食事をすることが最大の楽しみという人もいます。私の友人もそのひとり。ひとりで食事をすると、飲むもの食べるものに、より意識を集中させることができるからだそうです。

自分を相手に楽しみを見いだせるというのも、贅沢のひとつかもしれません。

永久に勝つことのないレースをしたいですか？

誰かと競争を始めると、間違いなく穏やかな気持ちにはなれません。人と比較するという、自分の中での永久に勝つことのないレースをスタートさせることになるからです。

その一方で、競争心のない人は、人よりも自分が強い、大きいと意識する必要もなく、人よりも賢い、美しい、金持ちだ、面白いと感じることもないのです。

無責任ととられるかもしれませんが、「これは人に任せておけばいいこと、ストレスになるし、なくても平気」などと割りきるからです。

自分の力を人のために使うと、世界の運命とつながれる

人の世話をするなど、自分の能力や優しさを人のために役立たせることは、周囲との絆を強め、私たちひとりひとりにとっても貴重でかけがえのない経験となります。世間はご都合主義や競争で疲れきっています。そうした世の中も、社会貢献や奉仕によって変化していくのです。

他人の面倒をみることは人を幸せにします。これは人生に意味を与え、私たち人類の住む世界の運命に、自分がしっかりつながっていることを実感させてくれます。

たとえば、海岸でのゴミ拾い、高齢者の荷物を持ってあげる、動物愛護協会からペットを譲り受けるなどは、私たちが今暮らしている世の中においても、責任があることを自覚できるいくつかの手段です。そしてそれを実行することによって、より幸せになれるのです。

ただ、この贅沢は自分以外の誰もプレゼントしてくれません。

13

大切なものと丁寧に暮らす

幸福とはあなたがささいなことにも意味を見つけられ、
それで幸せを感じられるようになることです。

――チョン・サンビョン、韓国の詩人、
「帰天」（キム・ユング・ムーとテゼ共同体のブラザー・アンソニー共訳）より

人生の楽しみは際限なくあります。寝る、気ままに歩く、食べる、化粧する、片づける、雑貨を選ぶなど、とるにたらない日常の営みですが、たとえそのひとつひとつが平凡でも、ひとたびそれが自分にとっての「楽しみ」になれば、心は豊かです。

こまごまとした雑用やまったく無意味に思えることも、投げやりではなく丁寧に注意深く受け止める姿勢――これは長い人生全体について深く考えることに通じるものです。このようなディテールへのこだわりと大局を重んじること、このふたとおりの考え方は相ともなうもの、別な言い方をすれば一対をなしています。

そして、これこそが希少で独特な贅沢と呼べる「ものの見方」なのです。

13 大切なものと丁寧に暮らす

幸せになるためにものはほとんどいらない

私にとって重要なのは放棄すること。
習慣、必要、不安などを脱ぎ捨てることなのだ。
巡礼者は歩きながら身軽になっていく。
彼は文字どおりバッグの中から不必要なものを抜いては身軽になり、
巡礼の帰路、重要なものだけをとっておくために、
自らの人生をも捨てることで
精神的にも、情緒的にも、霊的にも身軽になるのだ。

――ジャン＝クリストフ・リュファン、フランスの医者・作家・アカデミー・フランセーズ会員、
『コンポステラ、思いがけない私の霊的な道行き』より

古代ギリシャの哲学者プラトンによると、人間の魂は海の神、グロコスに似ている

そうです。グロコスは長いあいだ海底にいたため、海藻や貝、岩などに覆われ、周囲との見分けがつかない怪物のようになってしまった神です。私たちも同じで、欲望を満たすことを幸福とみなして、そればかりを追い求めていると魂の本質的な部分を失ってしまうのです。

贅沢とは、「幸せになるために、ものはほとんどいらない」と納得することかもしれません。大きな家、一流シェフ並みのキッチンセット、映画スターのような衣装一式などを揃えても幸せになるためには役立ちません。

別な言い方をすれば、贅沢とは物質的な貧しさを恐れないこと、そして窓辺に黄色いラナンキュラスの鉢植えの花を咲かせて優雅に生きていけるということです。ちょっとしたセンスと知恵さえあれば、お金をかけなくても美味しい料理、暖かい住まい、清潔な衣服を手に入れることができます。

自由な精神、前向きな姿勢、生きていくための最低限の知識と良識があれば、自分とも世の中ともうまくつきあっていけるのです。

13 大切なものと丁寧に暮らす

段取りをよくすると「自由」が得られる

旅慣れた人たちの荷物は、たいていきちんと整理整頓されています。それが身軽な移動を可能にするからです。

ものごとを段どりよく進めるためには、細部にいたるまでよく考えておくことが大事です。その結果得られるものが、「自由」なのです。

社会の仕組みも複雑になっていて、私たち善良な市民にとってはそれを順守するための公的な手続き（たとえば介護保険や年金の手続きなど）ひとつとっても面倒で、プレッシャーになることが多々あります。

せめて自分の身辺だけでもものごとを整理整頓し、これ以上の混乱は避けたいものです。

清少納言のように先を見越して支度する

清少納言はつねに毛抜きを携帯していたと言われています。それは指に刺さった小さな棘一本が、その日一日を台なしにすることも防いだでしょう。

少し先の出来事を想定し備えておくことで、当たり前のようですが、日常の営みひとつひとつが整い、同時にスムーズになります。いたってシンプルなことですが、すみずみまで心の行き届いた完璧な生活を、ただで手に入れることができるのです。

効率的なベッドメイキング、無駄のない動きのルーチンを毎朝の習慣にしましょう。野菜の切り方、冷蔵庫内での食品の保存法など、テレビなどでプロの職人のノウハウを見聞きすると目から鱗のコツを習得できたりします。

フランスでは、チーズはホワイトビネガーで湿らせた布巾で包んで保管します。そうするとカビません。これは知っておくと便利です。

13 大切なものと丁寧に暮らす

それでは、今日明日の夕食のメニューを想定しながら、時間のあるときにその下準備をしておきませんか。

野菜をカットし、用途別に収納パックに入れ、冷蔵します。たとえば玉ねぎは薄切り、さいの目切り、四つ切りに。キャベツはポトフ用なら大きめの6等分、サラダ用の千切り。じゃが芋は茹でるか、潰すか、輪切りにしてフライパンですぐに焼けるようにしておく。プチトマトは洗い、へたの部分をとる。ブロッコリーも軽く茹でてストックバッグに入れて保存。ベーコンはさいの目切りなどなど。

ここまで下準備をしておけば、夕食作りの取り掛かりも気持ちよくスタートでき、調理時間を短縮できます。

ストックバッグも同一サイズに統一すると冷蔵庫を開いたときに揃っていてきれいですし、冷凍用の袋もファスナーを上にしてトランプのカードを縦方向に並べるように揃えて収納すると取り出しやすくなります。

夜は眠くなる前にパジャマに着替え、就寝の支度を整えておくことや、翌日着ていくものを用意しておいたり、朝食用の盆にコーヒーカップなどもセットしてしまうと忙しい朝の手間がひとつ省けます。

私の妹は、前日の夜に必要な分だけバターを出しておきます。トーストに塗りやすくなるからです。

このように、できる範囲で先のことをあらかじめ想定し準備をしておくと、当然ですが、あわてることから仕出かす間違いなどを未然に防ぐことにもなります。

さらに大事なのは、ものごとがとどこおりなく運ぶと、私たちは自然とご機嫌になるものです。

幸福はとてもシンプルな法則から生まれるのですが、これは案外見えないところ、たとえば足元に隠されていたりするのです。先のことを想定する「心のゆとり」を持つこと、これも日常のささやかな贅沢のひとつではないでしょうか。

リストに書き出して細やかな心で生活を慈しむ

日々の用事のひとつひとつを丁寧にこなす生活ぶりは、忙しい日々を当たり前と思っていたり、お金儲けに明け暮れていたりする人たちには縁遠いものでしょう。細やかな心で生活を楽しむことは贅沢な生き方です。使っている櫛、お箸、ご飯茶碗、吸い物用のお椀などの器、植木——すべてを大切に慈《いつく》しむ心。このような楽しみ方はただお金がかからないだけでなく、かけがえのないものです。

こうして自分を取り戻し、小さい存在でありながらも、自分がこの世界全体の一部を構成していることに気づくのは喜びにつながるからです。

丁寧な暮らし方をより実践できるよい方法があります。さまざまな場面や機会を箇条書きにリストアップしてみましょう。たとえば、レセプションに着ていった服装、週末の旅行の持ち物、友人のために用意したアペリティフなどなど。

このようなリストは、人生のよりよい選択のために役立ちます。書き出すことで自分が本当にどうしたいのかが明確になります。もちろん何かハプニングが起こったときに、土壇場で再利用することができます。

茶道の作法を少しだけ取り入れたお茶の時間

普段お茶を飲むときでも、茶の御点前のように最初にお菓子を食べ、あとからお茶をいただくようにしてみてはどうでしょう。そうすることで茶の旨味がより深く味わえます。

また、茶碗を両の手のひらで包むようにすると、日常から瞬く間に遠ざかり、茶の御点前のときに感じる何かほっとくつろいだ気分に浸ることができます。お茶一杯でも安らいで味わうゆとりを持つことも、自分へのご褒美、ささやかな贅沢ではないでしょうか。

13 大切なものと丁寧に暮らす

不足しているものにも無頓着でいられる贅沢

物質的な貧しさを恐れることは貧しさのひとつのかたちです。住む場所、食べ物、安心な老後生活に必要となる医療、当面これらが私たちの心配の種なのではないでしょうか。

本当の贅沢とは、自分に不足しているものは何かを思案することもないほど、無頓着でいられることではないかと思います。

確かに、少ないものでも満足して暮らすためには、ものに代わる内面的な豊かさが必要になるでしょう。

でもこのような生き方をするようになると、私たちは次第に、日々の活動や交友関係、人生そのものも一歩下がって客観的に見られるようになってきます。

動作が的確になり、軽やかに優雅になります。そうなると、ものごとの段どりを組むのも早々とできるのです。物質的なものが私たちを煩わすことは、もはやなくなります。そして、この生き方そのものが、美を尊ぶ生き方になるのです。

何ものにも踊らされず落ち着いて暮らす

ひとりの僧侶がある日老人に尋ねた。
「真理の道はどこにありますか」と。
老人は答えました。
「われわれの良識のみが真理に導く道」であると。

——禅の教え

中庸を生きるというとなんとなく難しく感じますが、これは「何ものにもとらわれずに、調和のとれた生き方をすること」だと思います。

それは淡々と日々を過ごし、たとえ身にあまるほどの物質的な豊かさの中に身を置いていても、何が大事なのか本質を見極め、ぶれずに落ち着いて暮らせることでもあります。

中庸とは、良識と知性を発揮する人に与えられる「贅沢」のひとつのかたちかもしれません。

中庸を生きる人は、同世代の人たちのほとんどが夢中になる刺激的な活動を求めずに、シンプルで心地よい自足の生活を選ぶのです。

幸せな人とは生きている尊さを味わえる人

本当の贅沢とは、シンプルな生活とつましさ、洗練、そして美味しいシャンパンが与えてくれるウキウキするような楽しみ、これらが織りなす微妙なバランスの陰に隠されているのです。

このバランスは自分の欲求（envie、アンヴィというこのフランス語を二分すると、en vie アン　ヴィ、être en vie で「生きている」ことを意味する）を満足させながらも節度は守る、このふたつのせめぎ合いから生まれてきます。

楽しみとは日々変化し、一過性であり、漠然としたものです。でも機嫌よくいられるように、私たちは楽しみがくり返されることを望むのです。

心底幸せな人とは、何の変哲もない小さな楽しみをごく自然に見つけ、生きていることを実感しつつ、その尊さを味わえる人だと思います。

それは、平穏さと満足感を人やものの存在なしでも満喫できる人です。

今という時間に生きている幸せを単純に味わうことができ、外界にでなく、自分自身と親密にコンタクトをとる。そうすることで満ち足りた気分になれる人こそ、誰もがうらやむ個性的な人生、自分で自分のために選ぶ生き方を習得しているのです。

これこそが自分の思うままに生きる、自由な生き方なのではないでしょうか。

おわりに

私たちは選択肢の数だけ、さまざまな贅沢のかたちを生きることができます。贅沢とは、自分自身に幸せであることを言い聞かせることではないでしょうか。

さらに、この幸せを持続させていくためには、まずは肩の力を抜いて、人生とより気楽に向き合うことだと思うのです。

それには、楽しむときはとことん楽しみたい、でも簡素な生活も悪くないわ、ととらえられる柔軟な心を持つこと。

孤独もよし、友人に囲まれて過ごすのもよし。美しいものに惹かれ一時は夢中になるも、それにとことん執着することはしない。慎重であると同時にお気軽、軽薄でもあり思慮深くもあり、無頓着でいながら責任感が強いというように人間性に幅を持たせ、どのような状況をも受け入れ、対応できる平常心を養うことです。

ここで言う贅沢とは、具体的には金銭にこだわらずに、屋台のお茶屋さんででも、5つ星のホテルででも心からくつろげること。それは同様に、格安料金でもビジネスクラスでも関係なく平然と旅行できることであり、何にも、シンプルライフにさえも執着しないことです。

贅沢とは、今のこの瞬間を、いずれは終わりが来ることを知りながら、目いっぱい充実させて生きること。そして、これを受け入れる唯一の方法は明るく、超然とした態度で自由に、自分からも解き放たれて生きることなのです。

ドミニック・ローホー（Dominique Loreau）

著述業。フランスに生まれる。ソルボンヌ大学で修士号を取得し、イギリスのソールズベリーグラマースクール、アメリカのミズーリ州立大学、日本の仏教系大学で教鞭をとる。アメリカと日本でヨガを学び、禅の修行や墨絵の習得などをとおし、日本の精神文化への理解を深める。シンプルな生き方を提唱し、フランスはもとよりヨーロッパやアジア各国でも著書がベストセラーに。著書には、『シンプルに生きる』（幻冬舎）、『「限りなく少なく」豊かに生きる』（講談社）、『シンプルリスト』（講談社＋α文庫）など。「物心ともにシンプルになることで、もっと幸せになれる」という主題のもと、筆をとり続けている。

原 秋子（はら あきこ）

フリーランスのフランス語通訳・翻訳家。東京に生まれる。父親の仕事の関係で小・中学校時代をフランスで過ごす。留学先のグルノーブル大学にてフランス語教師資格を取得。帰国後、神戸ステラマリスインターナショナルスクールにてフランス語を教える。昭和61年度通訳案内業国家資格取得後、数多くの通訳・翻訳の仕事を手掛ける。

シンプルだから、贅沢《ぜいたく》

2016年2月23日 第1刷発行
2024年10月3日 第13刷発行

著者 ドミニック・ローホー
訳者 原《はら》 秋子《あきこ》

発行者 篠木和久
発行所 株式会社講談社
東京都文京区音羽2-12-21 郵便番号 112-8001
電話 編集 03-5395-3522
販売 03-5395-4415
業務 03-5395-3615
印刷所 株式会社新藤慶昌堂
製本所 株式会社国宝社

KODANSHA

ブックデザイン 帆足英里子 古屋安紀子(ライトパブリシティ)

ISBN978-4-06-219966-7 N.D.C.924 232p 19cm